Bloß a bißle nochdenkt

Albin Braig

Bloß a bißle nochdenkt

Illustriert von Rainer Simon

DRW-Verlag

ISBN 3-87181-361-3

3. Auflage 1997

Gesamtherstellung: Karl Weinbrenner & Söhne GmbH & Co.,
Leinfelden-Echterdingen
Titelbild: Rainer Simon
Gestaltung: Birgit Klocke

Bestellnummer: 361

Inhalt

Bloß a bißle nochdenkt

„Ha komm", hot mei Freind, dr Karle, gsagt, „‚bloß a bißle nochdenkt' – des isch doch koi Titel für a Buch. Du musch de Leut doch net scho uff dr ersta Seit' verroda, daß du bloß a *bißle* denka, daß du net *richtig* nochdenka, also ‚fertig denka' kannsch. Ond des en ra Zeit, wo älles fix ond fertig isch, vom Fertiggericht bis zur Fertigbauweise."
Sie, des hot mi fertiggmacht, weil des Buch war scho fertig, also scho 'druckt. Schnell ben i ans Telefon ond han dr Verlag a'grufa: „Sie", han i em Herr DRW gsagt, „Sie müsset sofort die Auslieferung von dem Buch stoppa, weil sonscht jeder merkt, daß i bloß a bißle nochdenkt han, ond dr Karle moint, daß des heutz'dag nemme langt, er moint, mr muß zu Ende denka, fertig denka, nochdenka, vordenka, überdenka, umdenka – Sie verstandet? – ond scho gar net *bloß a bißle.*"
Wo i aufgwacht ben, han'e net 's Telefon, sondern da Bettzipfl en dr schweißnassa Hand ghet. 's Licht isch a'ganga ond mei Frau hot bruddlt: „Du wecksch no d'ganz Nochberschaft mit dei'm Gschrei: ‚Bloß a bißle . . .! Bloß a bißle . . .!' – Was sollet denn do d'Leut denka?"
Sie, i muß ehrlich saga, des war mir peinlich, ond zwar net *bloß a bißle.*

In vino veritas

Des muß an onsre Gene liega, mir Schwoba send die geborene Philosopha. „Fill-o-Sophie mir das Glas randvoll, weil mit'm Trenka, do kommt's Denka", hot seller schwäbische Poet zu seiner Frau äls gsagt. Ond noch am ersta Schluck hot'r gmoint: „So-grad-des isch's rechte Tröpfle." Der „So-grad-des", also i moin dr Sokrates, isch nachweislich kein Schwabe gwä, aber er hot erstaunlicherweis' genau so 'denkt, wie bei ons oiner denkt, wenn'r denka ka. Ond grad wie onsere große schwäbische Denker isch's dem Sokrates au ganga, er isch bei der Obrigkeit angeeckt, die Scheraschleifer hend den Sokrates wega Freidenkerei zum Tod durch den Schierlingsbecher verurteilt.

„Der Wein und die Wahrheit sind sich insofern ähnlich, als man mit beiden anstößt." Drom braucht onserois zum Philosophiera en Trollinger. Noi, mit ama Riesling, do goht's net. 's muß a Roter sei, a Trollinger, au a Lemberger – 's kommt halt drauf a, was mr denka will –, aber uff koin Fall en Weißa. Ond mit Sprudel – do ka oiner denka, was'r will – mit Sprudel, do lebsch vielleicht gsond, aber du wirsch em Leba koi Philosoph.

Also i, i trenk' a Viertele Rota, ond no denk' i so vor mi na, so wie jetzt grad au. Ond no . . ., no denk'

i . . ., de'sch jetzt au glatt, jetzt fällt mr grad nix ei. – Was moinet Sie? I soll nommol en Schluck nehma, ha des isch koi schlechter Gedanke, also prosit! Heieieieiei, mir will aber au grad gar nix ei'falla. Jetzt glotzet Sie mir doch net ällaweil beim Denka zu, des kann i net braucha. – Was? Noi, noi, noi, des isch jo grottafalsch, was Sie do saget. Noi, der Erwerb des Buches gibt Ihne no lang koi Recht, mir beim Denka zuzugucka. Außerdem störet Sie mi. I muß me konzentriera. Jetzt send Se doch ruhig, auf die Art ond Weis' wird des Buch en hondert Johr net fertig. – Was hoißt do unlogisch? Sie regen mich jetzt aber schon granatenmäßig auf. – Ha? – Ja, wenn ich narret werd', dann rede ich hochdeutsch. Halt! Lasset Sie Ihre Griffel von mei'm Trollinger, den brauch' i zum Denka!
So eine Sauerei. Kommt do oifach oiner en mei' Buch rei ond sauft mir 's Viertele weg. Jetzt muß i z'erscht wieder en Lada sprenga ond a Fläschle kaufa. Wo isch denn die Zeitung mit de Wein-Sonderangebot'? Do, jetzet: Korber Kopf, Trollinger, 5-Mark-achtazwanzig. Noi, halt, desmol nehm'e den om 6-Markfuffzig, vielleicht fällt mr bei dem meh ei.
Hoi, Sophie, guck amol, hosch des Zitat do scho glesa? Wart, i les' dir's vor: „Der Horizont mit Radius Null ist der eigene Standpunkt." De'sch gut. Aber auf schwäbisch kann mr des no viel philosophischer, besser ond kürzer saga: „I . . ."!

Multikulturell

I ben i – ond Schwob, des reicht scho fast. Mir Schwoba hend halt a gschlossenes Weltbild. Z'erscht komm' i, no mei' Weib ond d'Kender, no 's Häusle, 's Dörfle – ond älles isch em Ländle.
A Rei'gschmeckter duad sich do oft schwer. Früher no, do bisch von de Eltern enterbt worda, wenn du oine gnomma hosch, die jenseits des Weißwurschtäquators das Licht der Welt erblickt hot.
Dem „Licht der Welt" isch's jo eigentlich völlig wurscht, wen es wo anstrahlt, aber ons Menscha anscheinend halt doch net, weil net jeder, der sich en d'Sonne legt, wird au erleuchtet.
Wenn oiner aber jetzt denkt, mir häbet en enga Horizont, der hot sich gschnitta. Mir send nämlich net bloß des Ländle mit ama Haufa große Dichter ond Denker, noi, mir send au berühmt für onsere Bastler ond Tüftler. Ond onsere geistige Lichtblitz' – kulturelle ond industrielle – exportieret mir zum Wohle der Menschheit in alle „Herrenländer". – Noch dem Satz muß i mir jetzt z'erscht auf d'Schulter klopfa: „Mir Schwoba send scho rechte Kerle – i!"
Wenn mir onser Ländle als den Nabel der Welt a'gucket, no hoißt des aber no lang net, daß mir net weltoffa wäret. Wie hot der Slogan ghoißa? Ja richtig: Stuttgart – Partner der Welt! Heiligs Blechle.

Mr braucht jo bloß em Gschichtsbuch a bißle blättra, no wird oim bald klar, worom mr sich die Welt ohne ons kaum vorstella ka. Die Hohenzollern zum Beispiel, die gwaltig mit de Säbel grasselt hend, die 's Deutsche Reich 'gründet ond au wieder he'gmacht hend, die stammet aus'm Schwobaländle. Mir hend se zwar nach Preußen exportiert, aber dr bessere, dr immobile Teil hend mir bei ons im Ländle behalda, des Schloß isch emmer no a Touristaattraktion.
Ond damit mir den Überblick über die Welt net verlieret, hem'mr ons über da ganze Globus verteilt. Zwischa Ulm ond Augsburg lebet die bayrischen Schwaben. Des französische Montbéliard, bei Mühlhausa lenks nom, isch des frühere Mömpelgard, a schwäbische Exklave, mit Barben als Wappenfischen – en Bebenhausen em Schloß ka mr se seha. Donauschwaben en Rumänien, andere an dr Wolga oder sonschtwo en Rußland. En New York gibt's en Schwoba-Verei' mit Trachta ond ällem, was drzughört. Australien, Kanada, Südamerika, du ka'sch na, wo du willsch, überall stoht oiner ond ruft: „Ja, jetzt leck me no am Ärschle, des isch doch dr Eugen von Botnang." Kurzum, Schwoba, soweit dr Horizont reicht.
Auf onser Sproch' send mr jesasmäßig stolz. Nadierlich gibt's au ondr ons a paar Dubbeler, die hochdeutsch schwätzen wellen, aber des klingt net bloß

gottesglatt, sondern vor lauter „Schwätzen" vergesset dia Kauderwelschler dodabei, ebbes Sinnvolles zu saga. Dabei isch Schwäbisch oine von de prägnanteste Sprocha ond jesasmäßig multikulturell. Sprache isch Kultur, ond dodavo' hend mir en ganza Beutl voll.

Mr braucht bloß a bißle graba. O'zählige Ausgrabunga zeiget die hohe handwerkliche Fertigkeit der Kelten. Dann hend ons d'Römer fascht 200 Johr lang en ihren Kulturbeutl neigugga lassa. Des waret koine Fremde, die hend onder ons glebt als Soldata, Gutsherra, Händler ond au als Handwerker. Do hot mr gheiratet, rom ond nom, ond Kendla griagt – au Kegel. Do isch viel hängablieba, au an dr Sproch'. Onser schwäbisches „le" zum Beispiel isch scho bei de Römer die gängige Verkleinerungsendung gwä: Dr römische pueru-lus isch onser Büab-le. Ond om sich des Lateinische besser merka z'könna, hot mr glei d'Übersetzung drzuaghengt, zum Beispiel „clam-heimlich". Viele verstandet no den Ausdruck „mores". „Ich werd' dich mores lehra", hot mr gsagt, wenn mr oim hot A'stand beibrenga wella.

D'Römer send no vertrieba worda durch die Alemannen, des waret Germanen, die z'erscht amol älles he'gmacht hend. Blieba send ons vor allem sprachliche Eigaarta. Dr alemannische onderscheidet sich vom restschwäbischa Sprachbereich u.a. en dem Wörtle „gwä" bzw. „gwesa" ond dem alemannischa „gsei“ bzw. „gsi“. Noch de Alemannen hend no religiöse Flüchtling' aus Frankreich bei ons Asyl gsucht, die hochwillkomma waret, weil se ebbes könna hend ond fleißige Leut waret. Ond no hot die Französische Revolution frische Gedanka ond später die Besatzer onder Napoleon an Haufa Kendla henderlassa. Die viele Ei'flüß' dromrom ka mr gar net älle aufzähla – hangablieba isch viel.

I glaub', so von ganz alloi, also ohne fremde Ei'flüß', wäret mir net, was mir send. Ond mir send wer. Ond mir soddet so bleiba, wia mir send, weil, mir hend Glück ghet, daß mir so worda send. Ond mit a bißle Glück werdet ons au künftig g'nug positive Ei'flüß' befruchta.

Woher, wohin . . .

Mei' Oma hot emmer gsagt, ond dodrzua hot se arg philosophisch 'guckt: „Wo wer herkommt, isch net so wichtig, wichtiger isch, wo oiner nagoht." Also, bloß geographisch kann se des net gmoint han, sonst hätt' se jo geographisch 'guckt ond net philosophisch. Wahrscheinlich hot se dodamit saga wella, daß die Abstammung eines Menschen net so wichtig isch wie sei' Entwicklung in geistiger Hinsicht. Oder anders gsagt: Net jeder, der aussieht wie ein Mensch, isch ein Mensch – 's kann au ein granadamäßiger Pfeifakopf sei.

Pfeifakopf isch nadierlich au net des richtige Wort, zumal mr dodamit das wichtigste Teil einer Pfeife beleidigt.

Genaugnomma gibt's jo zweierlei Pfeifa. En die oi bläst mr nei, no pfeift's, an dr andera zieht mr, no raucht's, wenn mr se vorher gstopft ond a'zonda hot. Aber des wisset Sie jo selber. Was han i jetzt saga wella . . .?

Ach so, ja, also mei' Oma war zwar manchmol a bißle vergeßlich, aber wie mr en Sauerbrota macht, des hot se gwißt. Ond heut no woiß i, wie der gschmeckt hot. Aber sie war net bloß a echte schwäbische Hausfrau, noi, sie hot au über a gsonde Portion Menschenkenntnis verfügt.

Wo 1956 onser Sträßle 'teert worda isch, han i 's erste Mol Gastarbeiter gseha, Italiener waret des, ond mir Kender hend onser Gaude mit dene Männer ghet. Obwohl die net schwäbisch ond mir net italienisch hen schwätza könna, hend mir ons verstanda. Was mir net verstanda hend, war, daß onser Hausbesitzer, der über ons gwohnt hot, gmoint hot: „Bleibet mir von dene Itagger weg ond machet d'Haustür zu, die Kerle klauet, was net niet- ond nagelfest isch." Wo i des meiner Oma verzählt han, hot se gsagt: „Der muß grad schwätza, der hot heut no a Gartascher' von mir." Ond grad zum Bossa hot se zwoi von dene Italiener am Sonntag zum Sauerbrota ei'glada. Die wiederum hend sich's net nehma lassa, d'Woch' drauf en dr Küche von meiner Oma Spaghetti Bolognese zu kocha. Des hot mir prima gschmeckt – ond net bloß, weil's selbichsmol was Neues für mich war.
Dr Hausbesitzer hot am Dag drauf mei' Oma angeschnauzt: „I hoff', daß net äll' Sonntag em ganza Haus nach Knoblauch stenkt." Aber mei' Oma hot sich gwehrt: „I muß den Tabaksgschtank aus ihrer Pfeif' jo au dr ganze Dag han!" hot se gsagt ond hot die Glastür zugmacht. Ond i han no ghört, wie se vor sich nabruddlt hot: „Pfeifakopf, bleeder!"

Beziehungen

Sie kennet des: Da kennt oiner oin, der kennt wieder oin, der wieder oin kennt, der oin kennt. Ond dem sei'm Bruder sei' Freind, der kann . . . Wasserhahna repariera beispielsweis'.
Beziehunga sind unser halbes Leba. Die andere Hälfte brauchet mir, um romzuverzähla, wieviele gute Beziehunga mir hend. Wo ein Mensch Hilfe braucht, setzet mir onsere Beziehunga ein.
Dr Wasserhahna im Bad tropft scho seit ama halba Johr. Langsam wird's Zeit, daß i ebbes dagega dua. Aber worom en Handwerker? Erstens send se teuer ond zweitens kommet se sowieso net. Außerdem kennt mr jo do oin, der wiederum en Flaschner kennt, der des so nebaher macht, ond der hat dr Tante Paula vor drei Johr die Klospülung repariert, also so gut, daß d'Tante Paula heut no mühelos sch . . . schwärmt.
Also, dr Wasserhahna. Übermorga, koi Problem. A Uhrzeit? Noi, des ka mr net so genau saga, weil mr nie woiß, wie mr wegkommt, des kann au zwischanei sei en dr Mittagszeit oder so. Aber bitte drhoim sei, weil mr wird kreuznarret, wenn mr do isch ond 's isch koiner do.
Dr nächste Tag vergeht, der übernächste Tag au. Mr hockt seit zwei Tagen in dr Wohnung, dr Kühl-

schrank isch leer. Verdurschta duad mr net, weil dr Wasserhahna isch jo do. Bloß langsam griagt mr en Vogel, weil dr Wasserhahna tropft . . . blop, blop, blop . . . mr legt en Lappa dronter – hilft nix – blap, blap, blap . . .

Mr stottert ins Telefon: „Sie, hallo, ahhh . . . i han bloß saga wella, daß Sie net 'komma send." Mr nimmt die Antwort hin, daß er au bloß zwei Händ' hätt', aber mr könnt' jo scho amol a Dichtung kaufa, am besta gleich einen ganzen Dichtungssatz, dann dauert's au net so lang, weil so en Wasserhahna sei jo schließlich koi Hexawerk. Also, am Samstag um viere, aber pünktlich, weil um sechse kommt d'Sportschau, ade!

Am Samstag kommt d'Sportschau, dr Flaschner kommt net. Dr VfB hot verlora ond dr Wasserhahna tropft – ein Scheißleba.

Mr greift erneut zum Hörer: „I han bloß saga wella . . ." „Ach ja, ihr Wasserhahna, i hab' Sie net vergessa, es isch bloß so, daß au i bloß zwei Händ' han." Er wird fast bös', als ich ihm sag', daß zwei Händ' für einen Flaschner au völlig ausreichend wäret. Ob mr vielleicht a Rohrzängle im Haus hätt', weil, wenn er sein ganza Gruscht hochschleppa müßt', dät sich des bloß unnötig in d'Länge zieha.

Die Rohrzang' isch im Haus, dr Flaschner net. Eigentlich isch der Flaschner jo au gar koi richtiger Flaschner, sondern Maurer, aber was a gscheiter

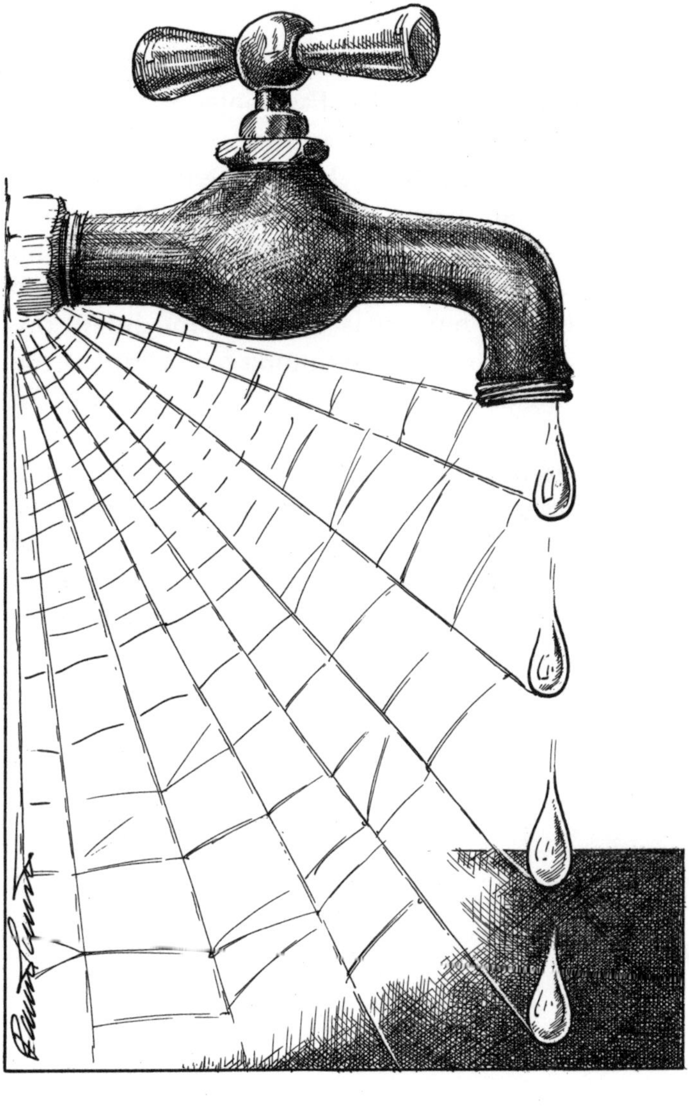

Maurer isch, der kann au mit Wasserhahna umgeha. Daß allerdings auch ein Psychiater Wasserhahna repariera kann, war mir neu. Aber nach der zweiten Sitzung hot der gmoint: Die Vorstellung, daß ich mich wie ein nasser Lappa fühl', könnt' doher komma, daß ein Wasserhahna bei mir drhoim tropft, was ich mit einem apathischen „blap, blap, blap" bestätigt han. Er isch no mit mir hoim, ond ruck-zuck war der Wasserhahna repariert. Gott sei Dank waret ein Dichtungssatz ond a Rohrzängle im Haus.

Heut Vormittag dann endlich der Anruf: Dr Flaschner dät garantiert am Donnerstag vorbeikomma, so gega sechse. Deine Freunde erblasset vor Neid: einen Flaschner, oifach so, unter dr Woch'? Do lächelsch du nur überlega: Ja, Beziehunga muß mr halt han.

//

Technisches

Mir Schwaben hend zur Technik ein sehr unkompliziertes Verhältnis – ein Wunder? Noi, Gott liebt Daimlers Nachkommen halt. Er hot ein Faible für solche Genieblitz'.

Mir interessieret uns für sämtliche technische Neuerunga, und zwar so lang und ausgiebig, bis die wieder veraltet sind und mir uns voller Begeisterung dem Allerneuesta zuwenda könnet. Daß das Neueste heutzutag immer schneller veraltet, ist uns bewußt. Ergo hüten wir uns vor schnellen Investitionen, weil wer will scho a alts Glomp kaufa. Net umsonst versammlet sich ganze Menschentrauben in de Fachgschäft' vor dem allerneuesten Fernseher, um sich dann mit einem Lächeln wieder abzuwenden. Ond mr sieht's de Leut a, was se denket: Do wartet mir no a Weile, weil's bald no was viel Neueres gibt. Mr goht hoim ond guckt weiter in sein' alta Kaschta.

Wenn's dann aber gar nemme anders goht, weil zum Beispiel dr Gartaschlauch kaputt isch, dann investiert mr ins Feinste, Beste, Neueste, Digitalste, Prozessorgesteuertste: also in ein vollautomatisches Gartenbewässungssystem mit digitaler Wasserverbrauchsanzeige, sensorgefühlter Feuchtigkeitsautomatik und prozessorgesteuerter Wasserdruckmagnetventilsicherheitsmechanik. Net ganz billig, aber um so mehr ärgert sich dr Nochber, der bloß en alta Gartaschlauch hat.

Der Vorteil an diesem Bewässerungssystem isch, daß es den Garta au dann bewässert, wenn mr gar net drhoim isch, also au in dr Urlaubszeit. Dafür sorgt der Feuchtefühler, den man in die Gartenerde steckt und der dann fühlt, ob's geregnet hat oder net. Wenn dr Boda trocka isch, dann pfuzget's, weil das Sicherheitsmagnetventil dem Wasser den Weg in die Gartenleitung freigibt. So steht's in der Beschreibung.

Des Deng isch installiert, die Leitunga send im Garta verlegt, mr schaltet ein und – es tut sich nichts, aber des isch normal, weil der Boda noch feucht isch. Tagelang stoht mr auf'm Balkon und wartet. Und tatsächlich, am Mittwochabend um neune goht dr Nochbershond ama Schlägle ronder, weil er grad en da Garta hot scheißa wella, als es plötzlich granadamäßig pfuzget hot und die Wassersprenzer herrlich fontäniert hend. Der Hond isch soichnaß und sprengt hoim, wahrscheinlich will'r petza, aber des isch egal, weil dr Nochber sowieso en Seggl isch, ond jetzt braucht mer'n au nemme zom Gartagiaßa während dr Urlaubszeit. Hauptsach', des Deng funktioniert, sonscht hätt' mr sich scho arg blamiert. So, dr Garta isch versorgt, dr Rasa kann sprießa, jetzt ka mr unbesorgt in Urlaub fahra.

Drei Wocha send rom, mr freut sich auf drhoim ond auf dr Garta. Aber scho beim Herfahra sieht mr dr Nochber grinsend en seiner Garagaei'fahrt standa. Mr fahrt weiter ond sieht's: Dr Garta isch furztrocka, total em Eimer, d'Bloama he, dr Rasa verbrennt ond d'Gartazwerg send verdurstet.
Mit Träna en de Auga sucht mr stundenlang nach dem Fehler em System – nix – älles isch ok. Mr stoht auf da Balkon naus, weil 's letztemol, wo mr auf'm Balkon gstanda isch, hot's jo au funktioniert. Aber nix pfuzget. Mr ka schier net nagucka en dr Garta, des Elend . . . wia, was isch des?
Genau do, wo der Feuchtefühler em Boda steckt, isch's feucht. Wie kommt jetzt des? Dr Nochbershond frogt sich des scheint's au, weil er die Stell' genau abschnuppert . . . ja wia . . . des Sauviech lupft da Fuß ond schifft genau über mein' Feuchtefühler.
Ha jetzt isch älles klar, do kann jo des System net funktioniera, weil jo die Meldung vom Feuchtefühler gar net komma ka, daß es trocka isch. Ha drom, ha des wär' au nommol scheener, des ka jo au gar net sei, des gibt's jo net, daß ein nagelneues, hochmodernes, prozessorgesteuertes System versagt.

Im(mobil)ie

Wenn ebbes beweglich isch, no isch des mobil. Wenn so a Deng von dr Decke rahängt, des sich bei jedem Luftzug bewegt, des isch no a Mobile. Ond die bewegliche Habe nennt mr Mobiliar.

Die Mobilität isch für ons Schwaben ebbes ganz Wichtiges. Deshalb baut mr bei ons au Auto(mobil)e, ond bestimmt wird bei ons au amol des Perpetuum mobile erfunda. Denn Mobilität bedeutet für ons: en älle Herrgottsländer dieser Erde zu reisa, ond seiet se au no so entlega. Mathematik war zwar nie mei' Stärke, aber i dät saga: Mobilität = Freiheit x Meter im Quadrat.

Wenn aber ebbes völlig unbeweglich isch ond sich oms Verrecka net bewega lassa will, no secht mr: Des isch immobil. Die Vorstellung, immobil zu sein, löst bei einem Schwaben Panik aus. „Wenn mr nemme na ka, wo mr will – ja wo komma mr au do na? Do ka mr ons jo au glei ei'sperra!" Immobilität isch für uns Schwaben gleichzusetza mit Gfängnis. Aber trotz unserer Abneigung gegen die Immobilität hend mir eine Vorliebe für Immobilien. Fast nirgends wird der Wunsch nach ama eigena Häusle so oft in die Tat umgsetzt wie bei ons. Wie gsagt, i kenn' mi do net so arg aus, aber i dät saga: Wohlstand = Immobilie (Häusle) + Mobilität (Reisen).

Ins Grübeln komm' i bei dem Begriff „Ferien-Immobilie". Irgendwie isch der Begriff doch paradox, weil entweder mr verreist oder mr zieht om. Ond über die Rentabilität einer Ferien-Immobilie will i mir erst gar koine Gedanka macha. Aber es gibt tatsächlich Schwaben – i könnt' me dodlacha –, die fahret en jedem Urlaub an da dupfagleiche Fleck, nämlich zu ihrer Ferien-Immobilie. Die Formel isch oifach: Ferien-Immobilie = „immobile Mobilität", also eine Art „pipimotive Sackazität", kurz: ein Blödsinn.
Jetzt wart'e bloß drauf, daß oiner secht: „Des älles woiß i scho lang, aber des Problem isch lösbar. I mach's wie d'Schnecka, i han en Wohnwaga." Ja liebe Leut, des sieht vielleicht mobil aus, aber wer scho en so ama Wohnwaga dren war, der woiß, daß ein Galeerensklave au net weniger Bewegungsfreiheit ghet hot wie a Familie mit zwoi Kender ema Wohnwaga. Wohnwaga = mobile Immobilität + Anhängerkupplung x Verkehrshindernis + Holländer. Wenn des Urlaub isch, no ben i dr Leo.
Ha, was moinet Sie? Wo i Urlaub mach'? Aaalsooo – i han so a kloi's Feriahäusle auf Mallorca, dort secht mr Finca drzua. Ja, do gang i em Urlaub emmer no. Sie, des isch was Schnuckeligs, Schneckaligs, kaum größer wie a Wohnwaga, a Art Gartahäusle halt. Worom lachet Sie jetzt? Ach sooo – ja noi, noi, noi, des isch bei mir jo ebbes ganz anders. Wer hot do grad Leo zu mir gsagt?!

//

Drackensteiniade

Es isch halt jedes Jahr 's gleiche: Pünktlich zum Ferienbeginn verstopfet mir die Straßa im Ländle, als ob's no net g'nug wär', wenn die Auswärtige über unsere Asphaltpista bretzlet wie d'Holländer.
In seltener Einmütigkeit schiebet mir uns, zamma mit dene Fremdvölkische, vorbei an Zaber-, Hekken- und andere Gäus, d'Sonnabrill' auf dr Nos', d'Stroßakart' unerreichbar im Kofferraum, die Hupe betriebsbereit, das Hirn zur Faust geballt.
Jedoch: Der Liebe Gott, der bekanntlich uns Schwaben und unser Ländle erschuf, hat auch den Drakkensteiner Hang erfunda – dem geneigten Verkehrsfunkhörer besser bekannt als „A 8, in Fahrtrichtung Ulm, zwischen Mühlhausen und Merklingen". Der Drackensteiner Hang ist die Fortsetzung einer Autobahn mit anderen Mitteln.
Indes, wenn mir Schwoba des Wörtle „Hang" höret, denket mir zunächst amol an „Hanglage", aber gwiß net an selles Stückle Albaufstieg, wo mr scho vom Nagucka ins Schnaufa kommt.
Ob der Liebe Gott au die Fernlastwaga, insbesondere die drackensteinaufwärtsfahrenden, erfunda hot, wage ich zu bezweifeln. Aber, do send se oinaweg. Eingehüllt in schwarzblaue Auspuffahnen und von bewundernswert dickfelligen Fahrern gesteu-

ert, von dene mir grundsätzlich annehmet, sie kämet aus'm Ausland.
Solchermaßen kriechet mir geduldig bergan und beginnet zu versteha, worom die meiste Verkehrspolitiker heutzutag mit'm Flugzeug verreiset. Uns aber geht die Mobilität über alles, au wenn nix meh geht. Und dr Drackensteiner Hang isch ein erhabenes Bauwerk, und des sollet uns die andere erst amol nochmacha.
Einstweilen jedoch stehet mir im Stau, do hilft koi Lichthup' ond koi 16-Ventiler onder dr Motorhaub'. Und langsam mischt sich eine gottsmillionische Wut in die vier Salami- ond zwoi Käsweckla em Ranza, gega älle die Spitzköpf', wo ausgrechnet heut en Urlaub fahret. Ond kurz bevor der Wahnsinn von uns Besitz ergreift, weil plötzlich alle Nummernschilder om ons rom ausländisch „gelb" aussehet, merket mir, es isch die untergehende Sonne, die ihr Farbenlichtspiel auf Kosten unserer ethnischen Loyalität treibt.
Nacht wird's auf dr Autobahn. Durch den Stern auf dr Kühlerhaub' sieht mr den blutrota Sonnaball am Horizont untergeha. Mr wird z'frieda, weil, mr hot's zu was 'brocht. Dr Lack glänzt, ond die dode, nobäbbde Mucka sieht mr gar nemme. Ein Gefühl der Solidarität macht sich im Herzen breit, weil mr isch wer – einer unter Tausenden in einer endlosen Lichterkette.

Winter

Nichts überfällt uns Schwaben schlagartiger als der Winter. Vielleicht noch Heiligabend, aber eigentlich isch es dr Winter, der jedes Jahr über uns reinbricht wie des siadiche Donnerwetter.
Älle sonstige Erfahrunga zum Trotz schwöret mir nämlich Stein und Bein, daß es des Johr sowieso net schneit, geschweige denn en gscheita Winter gibt – so en richtiga halt. Dr letschte richtige Winter, wann hend mir den ghet, wartet Se . . . ahh . . . jedafalls isch's scho lang her.
Mindestens so lang wie des Gsicht, des mir machet, wenn mir frühmorgens aus'm Fenster gucket und völlig entgeistert ausrufet: Oh liabs Herrgöttle, es hot gschniea . . .!
Denn mr isch jo Automobilischt ond muß pünktlich ens Gschäft, ond wie soll mr des jetzt schaffa, mitta em Winter, ond mit satte drei Zentimeter Neuschnee auf dr Stroß' – heiligs Blechle.
Also vermummt mr sich, bis mr als Einheimischer nicht mehr auf dr erste Blick zu erkenna isch, drückt seiner Frau den Schneeschieber in d'Hand und stapft in die Garage zum Auto, hockt nei ond wartet, bis d'Frau die Einfahrt freigschaufelt hot. „Ja goht des net schneller, i pressier'!" Ond spätestens, wenn mr die Garagaeinfahrt nausfährt, fällt's oim ei:

„Meine Sommerreifa hend bloß no en halba Millimeter Profil." Fürs Gartazäunle kommt diese Erkenntnis zu spät.
Mr rutscht dann, zamma mit Hunderte andere Leidensgenossa, zur Arbeit, den Petrus, den Straßaräumdienst, die Wettervorhersage und das eigene Weib verfluchend, die angesichts des henigen Gartazäunles ebbes von „hosch wieder am falscha Platz gspart" goscht hot.
Jetzt stoht mr em Stau, hilflos, weil die Seggl do vorna mit ihre abgfahrene Sommerreifa net vorwärtskommet. Do dät mr sich scho saumäßig ärgra, wenn mr jetzt teure Winterreifa 'kauft hätt'.
Aber mir Schwaben sind nicht nachtragend. Und überhaupt: Wer hat denn mit so ebbes au wirklich ernsthaft rechna könna, Hand aufs Herz: Dr letschte richtige Winter, wann hend mir den ghet, wartet Se . . . ahh . . . jedafalls isch's scho lang her.

Alle Jahre wieder

Alle Jahre wieder ergreift ons Schwoba eine tiefe innere Unruhe. Seufzend laufet mir omanander, Schweißperla uff dr Stirn, dr Blick isch o'ruhig, d'Händ' zittret – kurzum, mir send ons selber em Weg, de'sch a Qual.

Do schmeckt dr Kaffee nemme, luschtlos würget mir nochmittags ama Stückle trockena Hefezopf, ond au dr Gartazwerg guckt anders wie sonst. D'Autofahrer überfahret uff oimol rote Ampla, dr Zeitungsverkäufer gibt falsch raus, dr Jong' schreibt en Sechser, d'Katz frißt nix, ond's Weib isch über dr Staubsauger nei'ghaglt. Aus Freund' werdet Feind', aus Arbeitskollega erbitterte Konkurrenta. Sogar dr Super-Matscho, dem d'Mädla früher scharaweis' hinterhergschmachtet hend, poliert melancholisch sei' Goldkettele ond läßt älles hanga. Dr Bauer will morgens nemme aus'm Nescht, luschtlos hockt dr Gigger uff dr Mischte, die Psychiater griaget Depressiona, d'Läda machet reihaweis' pleite, d'Politiker tretet z'rück wega nix, d'Verdauung stemmt au nemme, ond au em Pfarrer uff dr Kanzel fällt koi ermunterndes Wörtle ei. Älle drialet vor sich na.

Aber auf einmal geht ein Ruck durchs Ländle: Beim Matscho stellet sich d'Bruschthoor, d'Politiker nehmet älles z'rück ond behauptet 's Gegateil, dr Jong' wird wieder frech, dr Nochber brengt en Moscht rom, dr Pfarrer schwätzt vom Garten Eden, dr Gokkeler saut hinterm Psychiater her, d'Autofahrer bleibet bei Grün an dr Ampel standa ond gucket noch de Mädla, ond en dr Kaffeemaschee schnorchlt fröhlich dr Kaffee.

Was isch passiert . . .? – Der Frühling isch da! Fescht guckt 's Weib ihrm Ma' en d'Auga ond secht: „So, jetzt dean mir's wieder amol – du nemmsch dr Schrubber, ond i dr Oimer . . ."

//

Kehraus

Früher, da war des selbstverständlich. I woiß no, wie sich samstags vor am Bada die ganz' Nochberschaft mit'm Sorgobesa en dr Hand auf dr Gaß' troffa hot. Von wega Kommunikationsdefizit, do hot mr no mitanander gschwätzt ond gfegt ond gfegt ond gschwätzt, ond dodabei send net bloß d'Trottwar ond d'Höf' sauberghalta, sondern au die zwischenmenschlichen Beziehunga aufpoliert worda.
Ond dann kam die Zeit, wo mr ons Schwoba wega onserer Kehrwoch' ausglacht hot. Damit d'Auswärtige net mit'm Fenger auf oin zeiget, hot mr sich hehlenga mit'm Besa, noch vor Sonnenaufgang, auf d'Gaß' gschlicha. Ständig en dr Angst, daß oiner kommt, hot mr sich umguckt. Wenn dann tatsächlich oiner 'komma isch, hot mr schnell sein' Besa en d'Hecke gschmissa.
Ond jetzt?! Jetzt, forderet einige Politiker, daß mir wieder onsern Sorgobesa raushola sollet, um die Gemeindekassen zu entlasten. Ond net bloß auf'm Trottwar soll onser Besa en Zukunft gschwunga werda, sondern au auf Radweg' ond in Parkbuchten. Sogar Durchgangsstraßen sollet „vom Bürger saubergehalten werden". Des hoißt, mir müßtet ons mit'm Besa en dr Hand ins Verkehrsgetümmel stürza. Beim heutiga Verkehr dädet des die wenigste

überleba. Die ältere Mitbürger hättet nadierlich die geringste Chanca, den Überlebensveitstanz auf dr Stroß' zu gwinna. Auf die Art ond Weise dädet onsre Politiker so ganz nebabei nadierlich au no des Wohnungs-, Renten-, Pflege- ond Überbevölkerungsproblem lösen.
Aber meine Herren, sooo goht's nadierlich net. Genaugnomma könnt' mr mit einer Kehrwochenverordnung, die die Reinigung der Straßen einschließt, nämlich bloß ons Schwoba gefährden, ja sogar ausrotten. Weil, keinem anderen Volksstamm steckt die Kehrwoche so dermaßen en de Gene wie ons.
Nur einem Schwaben isch dr Dreck auf dr Stroß' wichtiger als sein eigenes Leba.

Stammplatz

Geht's Ihne au so, hend Sie au bevorzugte Plätzla, wo se gern hocket oder lieget – Ihr Plätzle – am Tisch oder auf'm Sofa oder en ganz bestimmter Sessel, wo bloß Sie ond sonst koiner hocka derf? Also, bei mir isch des so, ond i glaub', so a Stammplätzle hot jeder Mensch ond jedes Viechle.

Dr Mensch isch ein Gewohnheitstier, ond bsonders mir Schwoba meget koine Überraschunga. Mir meget dodafür om so mehr die Geborgenheit. Als Kender hend mir aus Debbich ond Leintücher a Dronderschlupfetse 'baut, ond en dera Höhle hend mir ons sauwohl gfühlt, ond koi anderer hätt' zu ons rei'schlupfa dürfa. Ja, d'Omgebung ond d'Leut müsset oim vertraut sei, weil mit „Bekanntem" ond „Bekannten" ond einer Decke drüber bleibt d'Welt überschaubar.

Deshalb isch jo au a Stammtisch ebbes Schönes – den kann dir koiner nehma. Wenn du d'Woch' über Ärger ond Zerf grad g'nug ghet hosch, no isch dr Stammtisch a Freud'. Do hocket d'Stammgäst' an ihre Stammplätz' am Stammtisch ond ~~stammeln~~ schwätzet über Gott ond die Welt ond Wichtiges ond O'wichtiges – do ka mr mitschwätza.

„Woisch, da richtige Stammtisch muß mr finda ond sich ersitza", hot mei' Freund, dr Bruno, amol zu

mir gsagt. I han scho lang mein' Stammtisch gfunda. Aber stellet Sie sich vor, was mir letzte Woch' passiert isch. 's war der erste Stammtisch noch'm Urlaub. I han me scho richtig druff gfreut, wieder bei meine Stammtischbrüder sitza z'könna ond a richtige Halbe en mei' urlaubsfrustrierte Gurgl z'leera. I gang nei, ziag mein' Kittl aus, will Grüß Gott saga – derselbe bleibt mir em Hals stecka – mei' Platz, auf dr Eckbank, oba an dr Stirnseite vom Stammtisch, isch belegt. Ein mir völlig unbekanntes Weib sitzt am Stammtisch, ond ausgrechnet auf mei'm Platz. Z'erscht han i 'denkt: „Kittl a'zieha, hoimganga!" Dann han i 'denkt: „Noi, des kann mr em Guta regla" ond han gsagt: „Entschuldigung, Sie sitzet auf mei'm Platz." – Wisset Sie, was die zu mir secht? – Die secht: „Mit welchem Recht verlangen Sie, daß ich aufstehen soll?"
„Ja heiliger Strohsack", han i gsagt, „i han a langjährig ersessenes Recht, ein Stammrecht, ein lokales Recht sozusaga, ond Sie, Sie sitzet en meiner Stammboiz, an mei'm Stammtisch, auf mei'm Stammplatz. Soll i vielleicht auf da Boda sitza?" „Nehmen Sie sich doch einen Stuhl", secht die zu mir. – I guck' meine Stammtischbrüder a, die glotzet bloß vor sich na, koiner secht a Wort.
Aber so leicht geb' i net auf, han'e 'denkt. I ziag mir en Stuhl her ond druck' me neba dr Franz, der emmer links von mir sitzt. Rechts von mir hockt also

diese Frau – a bißle eng. Mei' Bier kommt wie üblich – i woiß net, aber des hot mir uff oimol nemme gschmeckt. „Sie", han i zu dem weiblicha Fremdkörper gsagt, „dürft' i wenigstens zom Trenka auf mein' Platz hocka, weil auf dem Stuhl do schmeckt mir's Bier net." Des Weib lupft ihr Gläsle ond secht: „Mir schmeckt mein Apfelschorle." „Was, Apfelschorle?" – han i g'sagt – „Des dürft' 's erste Apfelschorle sei, des an dem Stammtisch 'trunka worda isch. Gell, Freilein, Sie send net von hier, i moin, dr Sproch' nach send Sie wahrscheinlich bloß auf dr Durchreise, des wär' mir nämlich koin Bossa, weil no könnt' i nächsten Samstag wieder auf mein' Platz sitza ond mei' Bier dät mir wieder schmecka."
Sie, jetzt war's am Tisch totenstill, jeder hot vor sich na'guckt. Uff oimol secht dr Franz links von mir: „Des isch d'Gerda." Mi hot's schier vom Stuhl ghaua. Dr Franz isch fünfavierzig, Junggsell', seit i den kenn' – ond jetzt „d'Gerda", net „'s Freilein soundso", noi, bloß „d'Gerda". Jetzt han i au bloß no vor me na'guckt, wie meine andere Stammtischbrüder. Noch ama Weile secht dr Franz: „Mir wellet heirata ond sie hot euch bloß kennalerna wella." – Wieder war's mucksmäuslestill. – „Ja", han i noch ama Weile gfrogt, „kommt no d'Gerda ab jetzt jeden Samstag zum Stammtisch? – I moin wega'm Platz – ahhh . . . ich meine halt, wenn mir jetzet älle onsre Frauen mitbrenga dädet . . . des dät der

Stammtisch, rein platzmäßig, net aushalta." – Des muß d'Gerda verstanda han. Sie isch aufgstanda ond hot gsagt: „Nein danke, mir reicht's!" ond isch ganga, ond dr Franz glei hendadrei.
Jetzt war mein Platz frei. I bin sofort auf d'Eckbank gruckt, han mei' Glas ghoba ond han zu meine Stammtischbrüder den Spruch 'toastet: „Es lebe der Stammtisch!" Aber irgendwie isch mir dieser Toast net ganz getoastet . . . i moin . . . net ganz bacha vorkomma, ond mei' Bier hot mr au nemme gschmeckt.

Mitgefühl

Ach, Sie moinet, mir Schwaben seiet bhäb. Bhäb? Sie wisset net, was des isch? Also, ah . . . bhäb isch . . . ha bhäb halt, knapp, zugeknöpft, kurz angebunden . . . oder so. Aber des isch jo au egal, und Sie müsset sich des au gar net merka, weil mir Schwoba gar net bhäb send. Offaherzig und mitfühlend und großzügig und tolerant und . . . ja, i hör' jo scho auf, aber so send mir halt.

Beobachtet Sie amol einen Schwaben, wenn der ama Bettler begegnet. Der speist den net oifach so mit ama Zehnerle ab, noi – er bedenkt ihn mit allerhand gute Ratschläg', die zweifelsfrei von Herzen kommet. Dann schmeißt'r ihm was in sei' Büchsle. Ond wenn der Bettler dann au no zufällig Ziehharmonika spielt, dann hot'r sogar des Gfühl, ebbes griagt zu han für sei' Geld.

Mitgefühl bestimmt unser Leben. Mitgefühl isch ebbes, wo oifach do isch, au wenn mr's manchmol als störend empfindet – es isch halt do, was will mr macha.

Mit Gefühl putzet mir onser Auto, mit Gefühl streicht jede schwäbische Hausfrau morgens des Leintuch glatt, mit Gefühl legt dr Obstbauer Apfel auf Apfel, damit'r koin Macka griagt, ond mit Gefühl streichlet mir onser Schätzle.

Ja, Mitgefühl isch bei ons allgegawärtig, und jeder woiß, daß mit Gewalt fast nix geht. Mit Gewalt macht mr meh he. Es isch oifach net onser Art, ebbes Mitgewalt zu macha, weil Mitgefühl älles viel leichter von dr Hand geht.
„Mitgewalt" gibt's gar net, saget Sie. Ja, recht hend Sie. Des isch auch kein Dreckfuhler (Druckfehler), sondern ein Wortspiel. Es gibt auch keinen Mitfühler und auch keinen Mitgewalter, aber wenn einer ebbes mit Gewalt tut, dann isch des ein Gewalttäter, und wenn einer ebbes mit Gefühl tut, dann isch des ein . . . also, jetzt wird's langsam bleed.
Aber des passiert mir oft, daß ich aus einem Gedanken nicht mehr rauskomm', also quasi mich verdenke. Ich hoffe, daß Sie mir es nicht verdenken, wenn ich jetzt, am Ende dieser geistigen Sackgasse, einfach stehen bleibe und über mich selbst weine. Ich hoffe auf Ihr Mitgefühl.

Künschtlerpech

Der Herr Goethe, der muß die gleiche Erfahrung gmacht han wie i, denn er hot folgendes gereimt:

> Du mußt herrschen und gewinnen
> Oder dienen und verlieren,
> Leiden oder triumphieren,
> Amboß oder Hammer sein.

Nie wieder em Leba häng' i a Bild auf! Normalerweis' macht solche Kleinigkeita jo mei' Frau, ond für die größere Sacha holt mr sowieso besser dr Handwerker. Ond i wär' au desmol net en Versuchung 'komma, aber onser Nochbere war grad do, ond weil mr en dr Nochberschaft romschwätzt, bei ons dät älles Handwerkliche mei' Frau macha, han i amol 's Gegateil beweisa wella.

I hol' also d'Werkzeugkischt' aus'm Keller, total cool nadierlich, so als hätt' i en mei'm Leba nix anders do, entnehme leger den Hammer ond en Nagel, setze den Nagel an dr Wand an ond schlag' mit'm Hammer gottsmillionisch zu. I hab' au en Nagel 'troffa, aber der kollosale Schmerz ond mein Schrei, aber vor allem des Grinsa meiner Frau ond des Lacha meiner Nochbere hend en mei'm Hirn sofort die Meldung ausglöst, des muß dr falsche

Nagel gwesa sei. Ond richtig: 's war mein Daumen-Nagel.

I ben jo au net bleeder wie dr Herr Goethe, ond deshalb woiß i, daß a Dauma koi Amboß isch, aber wer hätt' au 'denkt, daß a Hammer so gwalttätig noch oim schnappa ka.

I han au net gwißt, daß mei' Nochbere so dermaßa schadenfroh isch. „Ja, knapp vorbei isch au drneba", hot se gsagt, ond mei' Frau hot gmoint: „Ja, Nagla sodd mr könna." Beide hend zwar schnell ihr Mitleidsmine aufgsetzt, aber i han gut gseha, daß se 's Lacha schier net verheba hen könna. Aber wie sagte schon Shakespeare: „Der Narben lacht, wer Wunden nie gefühlt." Mei' Frau hot zu allem Überfluß no gmoint: „Schuster bleib bei deinem Leisten." Des hot mir da Rescht geba.

I ben jo gwiß koi jähzorniger Mensch, aber bei soviel Spott, do dädet Sie au narret werda. „I dua gar nix meh, keinen Handstreich dua i meh", hab' ich gschriea, „du kannsch des Bild selber aufhänga – i gang jetzt a Bier trenka!"

Ond mein Abgang wär' bühnenreif gwä, wär' do net die bleede Werkzeugkischt em Weg romgstanda.

Mein Doktor hot mein' Arm a'guckt ond hot gfrogt: „Wie hosch au des fertigbrocht?" I han bloß gsagt: „Woisch, d'Werkzeugkischt . . ." „So", secht'r, „des isch halb so schlimm, do machet mir jetzt en Gips na."

Oin Vorteil hot der Gips, mr sieht den blaua, dicka Dauma jetzt nemme. Trotzdem, was ich en de letzte Däg han durchmacha müssa, spottet jeder Beschreibung. Des ewige Grinsa meiner Frau isch schier net zu ertraga. Dabei frog' i mi, wieso mr über so was überhaupt lacha kann. I kann über sowas überhaupt net lacha. Aber mr woiß jo, daß d'Fraua schier nix verheba könnet: „Schwachheit, dein Name ist Weib."

Megetse

Wenn oine oin mog ond dr sell sie au, no saget mir Schwoba: Die zwoi meget sich. Das Hauptwort von „mega“ isch „Megetse“. Die Spanier saget zu mega „megustar“ ond moinet dodamit 's gleiche wie mir, nämlich: mögen. Meget Sie mir's glauba oder net, mir Schwoba werdet fast überall verstanda.
Daß mir Schwoba au sehr sinnesfrohe Menscha send, regelrechte Schmusbära sogar – ja – do brauchet Sie gar net so grinsa, Sie Nordlicht – weil, des läßt sich sogar statistisch beweisa. Immerhin zählt Württemberg zu den Ländern mit einer kräftigen Geburten-Zuwachsrate, ond des kommt jo net vom Bombolutscha.
Bsonders im Frühling, wenn au en dr Wilhelma die Natur im Willen zum Wachstum erwacht ond die Säfte ins Uferlose steiget, verspürt der Schwabe Gefühle. Dr Schmusbär in ons hot dann sein' Winterschlaf beendet, reibt sich d'Auga, tritt vor die Höhle, kratzt sich den Buckel am Höhlaeingang und gähnt sich die Lendenlahmheit aus'm Ranza.
Sieht der Schwabe dann eine hübsche Schwäbin, murmelt er: „Sauber, sauber“ – und hot dodabei ganz gegateilige Gedanka. Erspäht hingega eine Schwäbin einen gutaussehenden Mann, denkt sie: „Der kann net von hier sei.“ Aus dem Grund isch

manch junger Schwabe geneigt, seine Herkunft zu verheimlicha. Des gelingt ihm am besten en dr Diskothek. Do isch's so dermaßa laut, do langt a ab ond zu gebrülltes „cool", om die Unterhaltung aufrechtzuerhalta, ohne daß'r sich als Schwabe entlarvt.
Dieses „cool" haucht er au noch'm ersta Kuß ond gibt sich, bevor er mehr saga muß, sofort dem zweiten Kuß hin, den er dann wieder mit „cool" kommentiert. No emmer woiß die Angebetete net, daß es sich bei dem Schmusbär um einen Schwaben handelt, aber seit dem ersten Blick send jo au erst drei Stonda verganga.
Zu meiner Zeit hot's bis zum ersten Kuß drei Wocha dauert, ond bis zom ersta ... mindestens a halbs Johr. Sie sehet, i komm' ens Schleudra, weil ... kann i net en Worte fassa. Dabei isch Schwäbisch eine dermaßa erotische Sprache. Aber des woiß der junge Mann, der zwischazeitlich 's dritte Mol „cool" gsagt hot, scheint's au net. Spätestens, wenn er aber secht: „Komm, dean mer's", ahnt die junge Schwäbin, daß ihr An-se-na-Schlupferle a Hiesiger sei muß.
Mit Gewißheit kann se's aber erst saga, nachdem er näckend vor ihr steht und secht: „Gell, do glotsch!" Spätestens jetzt isch ihr seine Abstammung völlig Wurscht, weil sie tatsächlich glotzt. Was jetzt passiert, kann unter Umständ' zu „andere Umständ'" führa, aber semmer ehrlich, 's macht scho saumäßig

Spaß, ond für die Geburten-Zuwachsrate isch's au gut, also statistisch gsäh'. Die Erotik vom Schwäbischa kommt au jetzt erst so richtig zur Geltung:

Sie: Du
Er: Wasele?
Sie: I mog di.
Er: I di au
Sie: So wie i di?
Er: No viel meh
Sie: So ebbes aber au
Er: Ha jo
Sie: Du bisch a liaber Denger.
Er: Mei' Scheißerle
Sie: Mei' Hasimausi
Er: Moggele
Sie: Bärle
Er: Schneggle
Sie: Schmuser
Er: Auauau
Sie: Heidanei
Er: Eieieieiei
Sie: Jetzetle
Er: Sodele. – Gell, do glotsch.

En onserm Alter glotzet die Mädla nadierlich nemme so arg, aber des liegt bloß dodra, daß der Schwabe im fortgeschrittenen Alter, wenn er an sich nonder guckt, meistens bloß no da Bauch sieht. Die Spätzla ond Sößla ond die Bierla hend sich so dermaßa oberhalb von onserm besta Stück festgekrallt, daß dieser, im Schatten des Bauches hängend, koi Mädle so schnell zom Glotza brengt.
Was mich angeht, kann i bloß saga: Erstens hab' i mein' Beitrag zur Geburtenstatistik bereits gleistet. Zweitens kann a guts Essa net omhagla. Drittens isch mei Frau schlank g'nug für ons boide. Viertens gibt's nix Schöneres wie noch ama guta Essa sei' Spätzle so richtig zu vernudla, des isch net bloß fünftens gsond, sondern au granadamäßig „cool", ond sextens muß i jetzt en d'Höhle z'rück, daß i em nächsta Frühjohr wieder en ausgschlofener Schmusbär sein . . . könna . . . muß . . ., wenn i will.

Neugierde

Mir Schwoba send an und für sich sehr diskrete Menscha. Net, daß mir net neugierig wäret, des send mir scho, aber mir send au vorsichtig. Neugierde kann gefährlich sein, do ka mr dr Zenka neiklemma. Scho em Johr 1910 hot der Berliner Polizeipräsident Traugott von Jagow anläßlich der beabsichtigten Wahlrechtsdemonstration der SDP bekannt macha lassa: „Ich warne Neugierige!" Ja, so Sacha schwätzet sich sogar bis zu ons rom.
Aber ein echter Schwabe läßt sich von einem Berliner koi Angst ei'jaga, au net von einem Polizeipräsidenten, der Traugott hoißt, weil, wie hoißt's bei ons: Trau-schau-wem.
Trotzdem send mir Schwoba vorsichtig, ond auf dr Stroß' demonstriera kann gfährlich sei. Demokratie hin, Demokratie her, mr muß em rechta Moment weggucka könna, sonst kommt mr womöglich en ebbes nei, des hoißt nemme raus, aus de Schwierigkeita bzw. aus'm Gfängnis. Ond dann kommsch vom Gucken zum Tüten, also i moin, du wirsch vom Gucker zum Bäbber, noi andersrom: Wegen dem Gucken mußt du dann Gucken bäbben . . . i geb's auf, aber Sie wisset, was i moin.
Wie gsagt, mir Schwoba send diskrete Menschen. Mir gucket net no, wo sich's net ghört. Es sei denn,

es läßt sich net vermeida und isch zugleich ungefährlich. Ama hübscha Mädle beispielsweis' dät ein Schwabe net nochgucka . . . wenn sei' Frau dabei isch, weil, des isch nicht ungefährlich. Ausgenomma, des Mädle lauft ihm derart direkt vor de Auga vorbei, daß er gar net anders kann. Ond zack, scho isch's wie bei einer Demonstration: Mr hot gar net mitgmacht ond isch trotzdem en Schwierigkeita. Net grad Gfängnis, aber aus'm Haus derfsch a Weile nemme – außer ens Gschäft. Weil, auch des Schwaben „bessere Hälfte" ond Gebieterin denkt sich: Trau-schau-wem.
Trau-schau . . . oder Trauschein, das ist hier die Frage. Ond oft isch die Neugierde des Ausschlaggebende für den späteren Trauschein. Denn wie hoißt's do:

Wenn die Neugier nicht wär',
müßte ich nicht mehr wandern,
kein Kolumbus führ' mehr
von der Küste zur andern
und die Tante Nanett
trüge dann keine Brille
und die Mädchen im Bett
lägen traumlos und stille –
wären fast ohne Sünd'
und ohne Kind,
wenn die Neugier nicht wär'.

Muse

Dr Zeus, dr Chef onder de Götter, war zwar koi Schwob, aber trotzdem a Schafferle. Neun Töchter hot der gezeust – ha, wenn des nix isch?
Eine von dene Töchter, die Polyhymnia, geht no heut bei ons em Ländle um ond küßt auf ihre musische Art manch einen Schwaben. Er, der Geküßte, merkt den Kuß zwar kaum, aber er verspürt plötzlich den Drang, en a Trompete oder en a Posaune zu blosa, oder auf a Schlagzeug neizuhaua, was net selta drzu führt, daß Wohnunga frei werdet. Weibsleut klimperet eher d'Tonleiter auf'm Klavier nauf ond nonder oder bloset en d'Blockflöt'.
Die Geige isch immer noch das beliebteste Instrument, bloß, könna müßt' mer's. Wer scho amol an Heiligabend onderm Christbaum „Töchter Zions" hot ronderscherra müssa, der woiß, woher der Ausdruck „Arschgeige" kommt. Weil, net jeder, der a Instrument spielt, isch von der Polyhymnia geküßt worda.
Trotzdem, fast jeder Schwabe isch musikalisch. Fünfaneunzig Prozent der Schwaben spielet ganz vorzüglich Radio, ond dr Rest isch em Musikverei'. Wenn mir Schwoba friedlich Schulter an Schulter zammasitzet ond Krach machet, no nennet mir des Kapelle. Ond dodamit bringet mir die Amis samt Ja-

paner zom Heula, weil dene onser schwäbische Folklore emmer so arg ans Gmüt goht.
Wenn mir Schwoba aufhöret, Musik zu macha, dann send mir alt oder mir hend koi Luft meh (betrifft nur die Bläser). Weil, wenn mr selber nemme ka, no ärgert mr sich über die, wo no kennet. No holet mir da Besa aus'm Schrank, steiget auf'n Stuhl ond klopfet mit'm Stiel gega die Decke, weil dr Nochber, der von dr Pampel-Muse geküßt worda isch, wieder furchtbar falsch auf seiner Tuba blost und der eigentlich wissa sodd, daß Musik stört, wenn andere Leut ihr Ruh' han wellet.

Hypochonder

Wenn oiner älle Zeitungsartikel über Gesundheitstips ausschneidet ond zamma mit'm Apothekerblättle fein säuberlich sortiert en en Ordner ablegt, wenn'r au em Sommer Angoraonderwäsch' a'ziagt, wenn'r a Kaschtaniasäckle em Bett deponiert hot, wenn'r em Doktor die verschiedenste Vorschläg' über mögliche Erkrankunga macht, wenn'r sich en dr volla Stroßabah' a Papiertaschatüchle vor d'Nas druckt, weil'r en seine Mitmenscha bloß Bazillaträger sieht, wenn'r en sechzehn Schuhschachtla insgesamt fenfhundertachtazwanzig verschiedene Salba, Pilla ond Tröpfla gsammelt hot, wenn'r nachts auf de drei dr Wecker stellt zom Gucka, ob'r no lebt – no kann sich's bloß om en Hypochonder handla. Oiner, der sich sämtliche Krankheita ei'bilda ka.

So ein Mensch bereitet der Pharma-Industrie viel Freude ond sorgt zugleich dafür, daß de Krankakassa 's Gschäft net ausgoht. So gsäh', isch ein Hypochonder eine branchenbezogene betriebswirtschaftliche Notwendigkeit. Dabei war er net emmer so. A'gfanga hot's auf'm Lokus. Do hot'r en ra Zeitschrift einen Artikel über Allergien glesa. Kurz drauf hot'r zom Vierzigschta das „Medizinische Handbuch für Laien“ gschenkt griagt. Ond mr

sodd's net glauba, ab dem Moment hot der so ziemlich alle Leiden ghet, die en dem medizinischa Handbuch beschrieba waret. Ond zwar in der Reihenfolge der Kapitel, die er grad glesa hot.
Ein Abszeß war sein erstes großes Erlebnis. Sehr o'gschickt plaziert, sitza hot er nemme könna. Wahrscheinlich isch von dem viela Standa dann au die Achillessehne in Mitleidenschaft 'zoga worda. Auf jeden Fall hot mr'n dann bloß no auf'm Bauch liegend gsäh', ond mr woiß heut no net, ob die Bauchwassersucht dodavo' komma isch oder ob ihm des Kapitel „Aszites" so zugsetzt hot.
Ein langer Leidensweg hat sich von Kapitel zu Kapitel weitergehangelt, ond er hot fast nix ausglassa: B wie Bronchitis, C wie Cellulitis, D wie Dämonomanie – Dämonomanie isch jo was ganz Gemeines, do glaubt mr vom Teufel besessen zu sein. Dr Eugen hot ihn dann trösta wella, indem er gsagt hot: „Mach dir nix draus, ganz Baden-Württemberg isch vom Teufel besessen." Aber des hot onsern Hypochonder au net 'tröstet, ond der Tip, er sollt's doch amol mit „Spörinomanie" probiera, isch bei ihm auf volle Ablehnung gstoßa, weil er die SPDler scho emmer als linke Bazillen betitelt hot.
Mein Ratschlag, er soll sich doch lieber a Kochbuch kaufa, do könnt'r sich au neisteigra, isch bei ihm ebafalls auf koin fruchtbara Boda gfalla. Heut ben i froh drüber, weil wenn der beim Kocha Kohlohra

griagt hätt', hätt'r möglicherweis' mich dafür verantwortlich gmacht.
Und so siechte er halt weiter vor sich hin – alphabetisch natürlich. E wie Emesis, F wie Fistel, G wie Grippe, H wie Herzrhythmusstörungen usw.
Er leidet, i han manchmol den Verdacht, er leidet sogar gern. Aber, ein unterhaltsames Gespräch mit ihm isch scho seit Wochen nicht mehr zustande 'komma, weil er scho noch'm dritta Satz über seine Krankheita schwätzt, ond des send wahrlich viele, abendfüllend viele. Skat spielt'r au nemme, wega den Bakterien, die an dene Skatkarta bäbbet, die durch zu viele Händ' ganget, secht'r. Ond bloß no Flaschabier, weil mr woiß jo, wie die Biergläser bazillenmäßig aussehet, secht'r. Eine Begrüßung per Handschlag isch für ihn das Unverantwortlichste, was mr sich selber antun kann, weil: Wer woiß, wo der seine Händ' überall dren ghet hot, secht'r. Herb isch für ihn, secht'r, daß sich sein Speiseplan so gwaltig reduziert hot, aber mr woiß jo, was Kälbermast, Rinderwahnsinn ond Schweinepest im menschlichen Organismus älles anrichta könnet. Ond des, wo er früher doch so gern 'gessa hot.
Deshalb war i au so überrascht, wie ich ihn gestern em Kaufhaus 'troffa hab' und er, also ich muß saga, an richtiga Bauch vor sich hergschoba hot. „Du“, hab' ich zu ihm gsagt, „du derfsch net soviel Spätzla ond Soß' essa, du hosch in kürzester Zeit a richtige

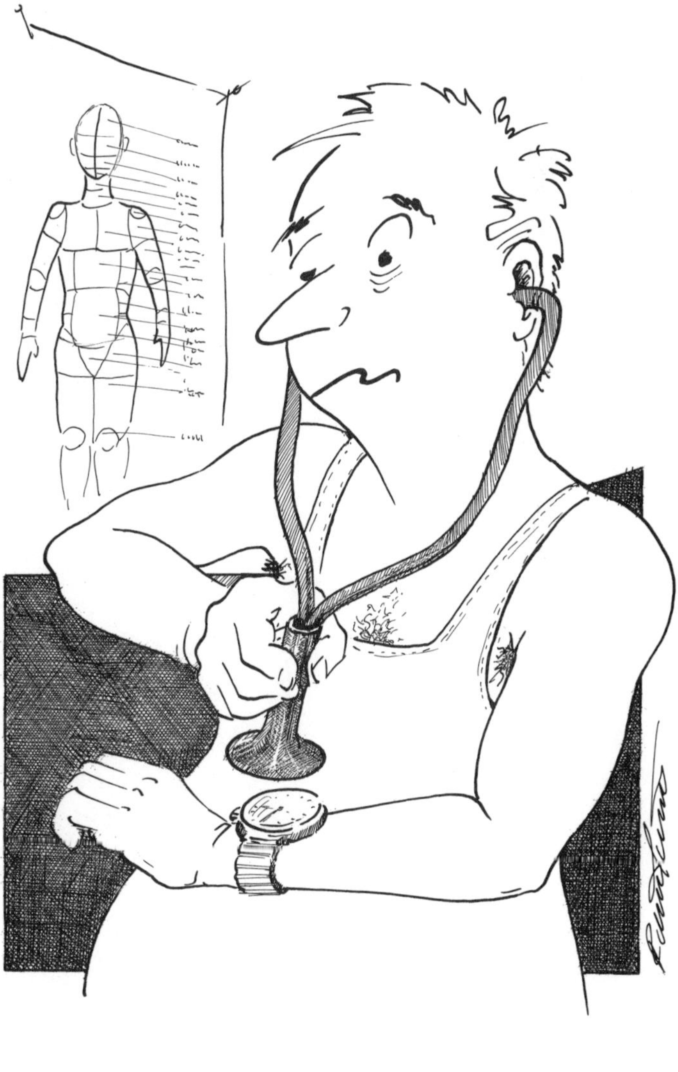

Kugel griagt." „Gell", hot er gsagt ond mi dodabei o'gstrahlt – so gstrahlt hot'r nemme, seit er des medizinische Handbuch für Laien gschenkt griagt hot. „Gell", secht'r wieder ganz verschämt, „mr sieht's scho."
Ond jetzt isch mr die Einkaufstüte aufgfalla. „Was hosch denn 'kauft?" hab' ich gfrogt. Ganz stolz hot er jetzt älles vor mir aus'breitet: Strampelhösla, Söckla, Mützla, Jäckla, Stoffwindla ond Penatencreme. Ond aus seine glückliche Auga hab' ich entnomma, in welchem Kapitel er grad liest: S wie Schwangerschaft.

//

Auge um Auge, Zahn um Zahn

Wenn der Weinstein ein Qualitätsmerkmal isch, dann frag' ich mich, was für ein edler Mensch muß i sei, bei dem Zahnstein, den i han. Aber bescheiden, wie i halt ben, han i mir gsagt, meine Qualitäta muß mir jo net jeder glei von mei'm Maul ablesa könna, ond ben zum Zahnarzt.

Im Gegasatz zu viele andere Menscha gang i jo gern zum Zahnarzt, weil erstens hot der a paar bildhübsche Zahnarzthelferinna ond zweitens nagt mr an seine Rechnunga einige Wocha, ond Naga isch bekanntlich gsond für die Zähne. Also bin ich zum Zahnsteinentfernen en sei' Praxis ganga. Em Wartezimmer han i net lang warta müssa. Ois von de Mädla – also i muß scho saga, die kurze weiße Kittela . . . – hot me bald ens Behandlungszimmer Nummer vier gebeta. Dort hot se me auf den Behandlungsstuhl buxiert, ond i han scho 'denkt, jetzt geht's los, aber nix war's, do ben i ghockt ond han gwartet ond gwartet ond gwartet . . .

Ond was tut mr, wenn mr nix tut, mr denkt. Also han i d'Auga zugmacht ond han 'denkt. Was wär' jetzt, han i mi gfrogt, wenn älle Leut ihre Zäh' so ausgiebig putza dädet, wie mr des em Werbefernseha em-

mer sieht, mit dene famose Zahnbürstla ond dera Zahnpasta gega Karies, Parodontose ond Zahnbelag? Die Antwort war klar ond zugleich für mein' Zahnarzt verhängnisvoll: Der könnt sein' Goschaklempnerlada zumacha.
Mir isch die Phantasie durchganga, wahrscheinlich, weil der mich hot so lang warta lassa, weil i ben dentalerweise . . . ah noi, normalerweise kein schadenfroher Mensch, aber Rache isch süß, ich hab's vor mir gsäh': Die Praxisräume verwaist, am Bohrer die ersta Spinnweba ond mein Zahnarzt, der mir sonst emmer Schmerza zugfügt hot, sitzt jetzt selber schmerzgebeugt an sei'm Designer-Schreibtisch und diktiert einen Brief – an sei' Mutter. „Liebe Mutter", läßt er schreiba, „bitte schicke mir Geld, weil ich sonst die Miete für meine Praxis nicht mehr bezahlen kann." Zwei Autos hot er scho verkaufa müssa, auf de restliche bäbbt dr Kuckuck, ond während seine Familie am kaschmirgewebten Hungertuch nagt, verkauft'r heimlich auf'm Bahnhof Zündhölzla, damit wenigstens das Kindermädle ebbes Warmes zom Essa hot. Samstagvormittags hockt'r vor dem evangelischa Gemeindehaus ond spielt auf dr Stutzgeige von sei'm Ältesta, und des geht mir furchtbar ans Herz, weil mein Zahnarzt gar net Geige spiela kann.
„Herr Braig", mein Zahnarzt steht vor mir, „hend Sie a Nickerle gmacht? Sie müsset entschuldiga, aber 's

hot a bißle 'dauert, hoffentlich hend Sie net zu lang warta müssa." „Noi, noi", hab' i gsagt, „i han jo Zeit."
Während er mir den Zahnstein entfernt hot, Auge in Auge, hab' i mi a bißle gschämt wega meine Zahn-um-Zahn-Gedanka. Aber er hot jo Gott sei Dank nix davo' gwißt. Em Gegateil, er war auf'dreht wie emmer ond hot über die katastrophalen Auswirkungen der Gesundheitsreform auf die zahnärztlichen Einkommen referiert. Ond wie schwer sich ein Zahnarzt heutzutag dät, bei dene ständig steigende Kosta. Ond daß es einem bald koin Spaß me macha dät, die Schinderei von morgens bis abends.
Sie glaubet jo net, wie leid mir der arme Kerle do hot. Dabei kann der sich selber bestimmt no net amol die Verelendung eines Zahnarztes so ausmala wie i. Mir send d'Träna en de Auga gstanda, wie i mi an den Brief erinnert hab', den er erst vor einer dreiviertel Stund' an sei' Mutter diktiert hot. Er, mitleidend wie er isch, hot nadierlich 'denkt, die Träna kämet von de Zahnschmerza.
Er isch ein edler Mensch. Ond bevor i die Praxis verlassa hab', hab' ich ihm tief en d'Auga 'guckt, hab' ihm d'Hand fest 'druckt ond zu ihm gsagt: „Durchhalta, durchhalta." Dann hab'e ihm a Fuffzgerle en a leeres Kukident-Dösle gschmissa ond ben ganga. Ond ich sag' Ihne, seinen Blick werd' ich nie vergessa.

Politiker

Mr hört's öfter: „Oh gang mir weg mit dr Politik, des isch doch a Glomp. ‚Die do oba' dean doch sowieso, was se wellet." Des isch zwar nicht typisch für ons Schwoba, aber mr hört's oft, zu oft, öfter goht's scho schier nemme. Ond des bei ons, einem Volk von Dichtern und Denkern.
Der Schubart zum Beispiel dät sich en Arsch beißa, wenn er wüßt', daß seine Landsleut heutzutag so passiv ond somit so leicht regierbar send. Der Schubart, der isch für seine freiheitliche Gesinnung noch ei'gstanda ond ei'gsessa. Zehn Johr lang hot ihn dr Herzog Carl Eugen auf'm Hohenasperg ei'gsperrt. Des war vor über 200 Johr. Ond au onser Schiller hot domols gega d'Obrigkeit gschrieba, gega den Mief des Feudalismus, gega König, Grafa ond dr Herzog. Ond was hend mir heut? Dr Herzog isch Bundespräsident.
Wenn mir heut no als schwierig zu regierende Individuen geltet, dann hend mir des onsre Dichter ond Denker zu verdanka, aber selber, selber hend mir für des Image net viel do. Solang unsere politischen Äußerungen darin bestehen, daß mir d'Auga gen Himmel richtet ond saget: „Oh du liabs Herrgöttle", solang könnet „die do oba" gut Hugoles mit uns da onda do, weil „der do oba" ons do onda net helfa

ka, weil'r au no anders Gschäft hot. Also müsset mir scho selber was drzu do ond net bloß wähla ganga. Manch oiner denkt, 's dät langa, wenn'r äll' vier Johr en der Wahlkabine Versteckerles spielt ond seine Kreuzla auf die Wahl-Lottozettel macht. Noi, gwenna ka mr dodabei nix. I moin, nix gega 's Kreuzla macha, aber des alloi langt halt net, um sich zu de Demokrata rechna zu dürfa. Dr Schubart hätt' net weg'guckt, wenn onser Demokratie en Dreck 'dappt worda wär', ond die wird von braune Stiefel genauso treta wie von noble Lackschuh'.
Nadierlich gibt's au rechtschaffene Politiker, aber die send meistens en dr falscha Partei. Ond en de meiste Parteia hot's für Propheta koin Platz. Statista ond Statistiker hot's dodafür grad g'nug. Ond wär' amol oiner do, wo a bißle en d'Zukunft gucka ka, no wird'r, wega ma gstohlena „Bonn-bole" solang a'zonda, daß'r am Ende so verkohlt isch, daß mr'n au onder der besten Zeiss-Optik schier nemme sieht.
A mancher Politiker mag jo au denka: „Euch ka mr's nie recht macha", ond deshalb probiert er's au glei gar net. Aber es gibt au Ausnahma. Am 24. Dezember 1928 ward uns eine solche geboren. Bloß wenige Stuttgarter hend domols den Stern über dr Landeshauptstadt seha könna, weil der, anders als seinerzeit in Bethlehem, von einem Stern über Untertürkheim verdeckt worda isch.

Trotzdem ward uns ein Sohn geboren, der Stuttgarter Statthalter, Dichter und Philosoph Manfred Rommel. Eigentlich hätt' die Zeitrechnung domols wieder bei Null anfanga müssa, zumindest im Ländle, aber koiner hot dem Christkendle selbigsmol Beachtung gschenkt. Außerdem hätt's au koin Wert ghet, weil kurz drauf des 1000jährige Reich die Zeitrechnung ond andere Rechnunga wieder durchanander brocht hot. Er isch au net ema Stall auf d'Welt komma, erscht viel später hot er en Stall gfonda: die CDU.

Ja, ond do liegt'r heut in der Krippe, lächelt manchmol über die „Drei Weisen", ond om ihn rom standet Ochs ond Esel, au Hirta, ond ein ganzer Haufa Schoof'. Er isch eigentlich z'frieda, bloß manchmol strampelt er au. No secht'r so Sacha wie: „Es ist in einer weithin vom Zufall gesteuerten Welt fast unvermeidlich, daß gelegentlich auch Gutes geschieht."

//

Oh du liabs Herrgöttle ...

„Heidenei" soll seller schwäbische Pfarrer gsagt han, den dr Petrus an dr Himmelspforte abblitza hot lassa. „Jetzt verstand' i gar nix meh, mi nemmsch net, aber den Busfahrer, der grad bei dir 'klopft hot, den hosch gnomma." „Ja", hot dr Petrus gsagt, „woisch, bei dir en dr Kirch' hend d'Leut emmer gschlofa, aber bei dem Busfahrer hend d'Leut gebetet."

I woiß net, ob die Gschicht' stimmt, ond hoffentlich dauert's au no lang, bis i dr Petrus froga ka, ob's so war. Weil, wisset Se, obwohl i saumäßig neugierig bin aufs Paradies, verheb' i mir's lieber no a Weile. Net daß nochher so isch, wie des alte Weible gmoint hot: „Oh Herr Pfarrer, i müßt' jo lacha, wenn's gar koi Paradies gäb' ond onser ganze Beterei omasonscht gwä wär'."

Mir Schwoba send halt mißtrauische Menscha. Net daß mir net glauba dädet, aber i moin, mr woiß halt nie nix Genaues net. Ond solang mr gut lebt, lebt mr lieber. Außerdem woiß i net, ob mr em Himml rauchа derf. 's könnt' nadierlich sei, daß es do a Rauchereckle gibt, 's könnt' nadierlich au sei, daß oin dr Petrus vor d'Tür naus schickt. Egal wie, Tatsach' isch, daß dr Raucher schneller en da Himml kommt wie dr Nichtraucher, ond deshalb sodd mr'm 's em Himml net vergälla. Gelletse, Sie gebet mir do recht? – Was? – Net! – Ach, Sie send Nichtraucher? – Ja bitte, aber wenn Sie moinet, Sie kommet dodurch eher en Himml, hend Sie sich gschnitta. Weil, wenn Sie da Rauch net vertraget, no werdet Sie au über dr Weihrauch neihuschta, ond ob des em Himml en guta Ei'druck macht, möcht' ich bezweifla. Ach, Sie send em Kirchagemeinderat? Ja dann . . .!

Also, an a Höll' glaub' i jo net. Noi, die Hölle isch eine rein menschliche Erfindung, zom Angstmacha. Scho als Kend han'e net an dr Nachtgrabb 'glaubt. Noi, i glaub', daß dr Liebe Gott nie Verschreckerles mit de Leut do dät, weil d'Leut des selber viel besser könnet. Vielleicht isch jo, ohne daß mir's wisset, onser Leba auf Erden schon die Hölle, ond mir glaubet bloß, daß ons gut goht, weil gut isch relativ, ond wer secht ons denn, daß des, was mir heut als glückliches Leba a'gucket, en Wirklichkeit net eine saumäßige Schinderei isch. Womeglich send mir en de Auga von dene, wo im Himml send, ganz arme Tröpfla, ganz arme Schlucker, die nie z'frieda send, die jede Woch' Lotto spiela müsset. – Wer woiß . . .?

Daß der Liebe Gott einen millionsmäßigen Humor hot, do ben'e sicher. Mr muß jo bloß amol en Spie-

gel gucka – alloi scho die Nos' mittla em Gsicht – des sieht doch gottesglatt aus – ond die Füß' ond d'Ärm' ond dr Bauch ond dr Ar ... ond d'Ohra. Ond wie d'Leut sich uffpfluschdret, wie se sich wichtig nehmet, en granata Graddel hend. Also, wenn i en Spiegel guck', i könnt' me dodlacha. Du liabs Herrgöttle, do hosch ons schee zugrichtet – Ojesusmariaondjosefle.

Post

Sie kennet des sicher: An Dag, wo oin nix druckt, wo mr a bißle Zeit hot, die Sacha zu macha, wo mr hätt' scho lang macha solla. A bißle abstauba, 's Bett frisch überzieha, ond mr hot sogar a Briefle gschrieba an die Tante Luise em Allgäu zu ihrem Siebzigsta. Ond weil mr sowieso Briefmarka braucht ond au ganz sicher sei will, daß die Glückwünsch' zom Geburtstag gwiß pünktlich a'kommet, weil die Tante net bloß alt, sondern au vermögend isch, trägt mr den Brief höchstpersönlich zum Postamt.

's isch kurz vor halbersechse, und es herrscht, wie auf Postämtern üblich, große Geschäftigkeit. Von sieben Schaltern send drei besetzt. Mr stellt sich en die Schlange ond wartet. Vor oim: zweihondertdreiasiebzig Massadrucksacha, a Päckle, des eigentlich an Paketschalter ghört, des sieht mr von weitem, a Ei'schreiba noch Wagadugu-Afrika, en Ma', der's auf a ganz spezielle Sondermarke abgsäh' hot ond a Mädle, des zwanzig Mark von ihrem Postsparbüchle abheba will. Der Beamte hendr der Glasscheib' guckt auf d'Uhr statt aufs Gschäft. Der große Zeiger rückt weiter vor, die Schlange net.

Eieiei, mr sollt' koin Kaffee vorher trenka, wenn mr aufs Postamt goht. 's Bläsle druckt, dr Postbeamte sucht dr Stempel, von henda dränglet se. Dr Postbeamte frogt, ob des au gwiß zweihondertdreiasiebzig Massadrucksacha wäret. Der wird doch net a'fanga wella, des Glomp zu zähla! Doch, der tut's! Jetzt hoißt's klemma, weil wenn mr jetzt aufs Klo ging, no wär' der Platz en dr Schlange weg. Wenn mr a Kloigeld hätt', no dät mr jo d'Briefmarka aus'm Automat rauslassa. Om Gottes willa, alloi des Wort rauslassa hätt' schier zu einer Katastrophe gführt. Klemmen, klemmen heißt die Devise. Gott sei Dank, der mit de Massadrucksacha isch weg, ond die Dame mit dem Zehn-Kilo-Päckle wird an dr Paketschalter verwiesa. Die Chance, einer Peinlichkeit zu entgeha, steigt, aber dr Wasserstand halt au. Mr dät jo jetzt auf da Platz en dr Schlange verzichta ond auf's Klo ganga, aber en dem Postamt isch koi Klo. Am Schalter geht's weiter, des Ei'schreiba nach Wagadugu. Wo denn des wär', frogt dr Postler, in Afrika, soso in Afrika, im blaua oder im violetta Bereich?

Afrika, des wär' jetzt gschickt, weil Afrika hoißt Bäum' ond Bäum' hoißt, mr bräucht' sich bloß romdreha ond laufalassa. Noi, net laufalassa! Oh verheb's! Wagadugu isch weg, ond wenn der mit seiner Sondermark' a bißle nore macht . . . „Was hoißt do treppla, gute Frau, i treppl net! Sie dränglet jo au die ganz Zeit. Außerdem geht Sie des gar nix an, net amol, wenn ich treppla dät." Dumme Nuß do

henda. Endlich, der hot sei' Sondermark'. Jetzt isch bloß no des Mädle vor mir.
„Freilein, mir pressiert's, könntet Sie mich vorlassa?" „Müsset Sie auf's Klo, weil Sie so trepplet?" „Noi, nemme, aber der Brief an mei' Erbtante em Allgäu isch pressant, bloß a Briefmark' . . ." D'Uhr schlägt sechse, dr Schalterbeamte schlägt sei' Schaltertürle zu, des Mädle schlägt Krawall, weil se ihre zwanzig Mark net griagt hot, ond selber . . . schlägt mr dr Wecker uff dr Hut, weil der klingelt hot.
Gott sei Dank, bloß ein Traum. Aber den Brief an die Tante em Allgäu muß mr heut o'bedengt schreiba. Ja wie, worom isch's do so feucht? Heidanei, jetzt kann mr wieder frisch überzieha – ond älles bloß wega dera bleeda Post.

Briefzustellung

Semmer ehrlich, ein Briefträger lebt au bei ons em Schwobaland gefährlich. So ein Graurock muß oft g'nug durch meisterschaftsverdächtige Sprüng' sein Leba retta, ond net selta verbiegt sich dodabei oiner sei' Posthörnle. Er muß sich vor dem schütza, mit dem sich andere Leut schützet. Nämlich vor de Hund'.

Eine schwäbische Hunderasse dät, wenn se's gäb', nie nicht oin angreifa, der ebbes brengt. Andererseits müßtet die Gerichtsvollzieher schwer aufpassa. Aber 's gibt halt koin Hund mit einem schwäbischen Charakter, ond deshalb machet die Hund' koin Unterschied zwischa Bringenden und Nehmenden, zwischa Postboten ond Einbrechern.

Der Hund, so hot scho dr Kurt Tucholsky gschrieba, isch ein monomaner Kapitalist. Er verteidigt des, was ihm net ghört. Jetzt isch jo ein Postbote woißgottwieweit von einem Kapitalisten entfernt, ond trotzdem hot er diesbezüglich die gleiche Eigaschafta wie ein Hund. Auch er verteidigt, was ihm net ghört. Obwohl also, bei näherer Betrachtung, weder der Briefträger noch der Hund Kapitalista send, streitet se sich om des Eigentum vom Herrle – den Brief.

Weder dr Briefträger noch dr Hund interessieret sich für den Brief, aber jeder will die Anweisung von sei'm Herrle bzw. Chef befolga. Die eine lautet: Du läsch mir do koin rei! Die andere: Der Brief muß zugestellt werden! Ond so passiert's, daß sich zwoi em Grund liebenswerte Rassa ineinander verbeißet – Postler ond Hund ond Hund ond Postler –, mr kann en dem sich auf'm Boda wälzenda Bobbl oft kaum onderscheida, was isch Hund ond was isch Postler – doch, halt, der mit dem Brief, des isch dr Postler.

I woiß, des goht nadierlich net, 's isch bloß wieder amol so a Schnapsidee von mir. Aber a'gnomma, der Hund ond der Briefträger dädet amol zammahocka, bei ama Bier, ond sich so richtig ausschwätza, no wär' dem Hund bald klar, daß der Briefträger au bloß en armer Kerle isch, der sogar bei ama Wetter d'Brief' austraga muß, wo net amol en Hund auf d'Gass' gschickt wird. Ond wenn der Briefträger andererseits dem Hund des Bier zahla dät, weil der von sei'm Herrle jo zum Nulltarif ei'gstellt worda isch ond koi Geld hot, no könnt's sei, daß die beide ganz dicke Freund' werda würdet ond jeden Dag em Biergarta hocka dädet. No müßt sich 's Herrle sei' Post selber hola ond dät sich vor Wut bestimmt au selber en A . . . beißa.

Sport

Mir Schwoba send leidenschaftliche Sportler. Die Lektüre von diverse Sportillustrierte ghört grad so zu onserm täglicha Fitneßprogramm wie die gnadenlose Kritik an onserm Lieblings-Fußballverei'. Und wenn wir etwas lieben, dann nehmen wir auch kein Blatt vor den Mund. Mr will jo bloß 's Beschte. Schließlich hot mr jo au amol aktiv Fußball gspielt, früher, ond isch net ahnungslos. Deshalb stoht mr, zumindest bei jedem Heimspiel, am Rand des Fußballfeldes und unterstützt lauthals die Spieler mit allerlei taktischen Anweisungen.

Anpfiff! „So, jetzt wellet mir dene Pfeifa amol zeiga, daß mr bei ons au Fußball spiela ka." Mit „Pfeifa" isch natürlich dr gegnerische Verei' gmoint. Den eigena Verei' unterstützt mr mit folgende motivierende Zuruf': „Ja lauf doch . . . so eine faule Sau, so en Ball hätt' mr sich zu meiner Zeit net abnehma lassa. Henda zumacha! Auf die 10 aufpassa! Mensch, des isch grad nommol gutganga. Aber ohne onsern neua Torwart dädet mir jetzt scho 1:0 henda liega. So, aber jetzt kommet mir. Paul, geb ab, dr Mehmet isch frei! Wunderbar, die Flanke hätt' von mir sei könna. Lauf Mehmet, lauf, mach's selber, den packsch! Toooor! So muß sei. Sehet'r, wenn'r auf mich höret, no klappt's!"

Ja, vom Sport verstandet mir Schwoba nämlich viel, also fast alles. Am allerliebsta fahret mir Autorenna, wozu die Landsträßla am geeignetsta send. Do kann mr 1. Kuppla, 2. Schalta, 3. Gasgeba, 4. Bremsa, 5. Lenka, älles in schneller Folge. Des isch ein „Moderner-5-Kampf" mit 4-Rad-Antrieb in 3-Teufelsnamen auf 2-Rädern durch d'Kurv' mit 1-Spitzkopf am Steuer der 0-Ahnung hot.

Am aller-allerliebsta aber gucket mir dr Sport im Fernseha a. Des hot den Vorteil, daß mr net so schwitzt, mr spart au die teure Sportausrüstung, und dr Muskelkater ka auf dr Ofabank liegend weiterschnurra und hot koin Grund, ons die Muskeln zu katern.

I glaub jo net, daß Sport schädlich isch. Im Gegateil, Sport isch gesundheitsfördernd, wenn's die richtig' Sportart isch. I han mir so mei' eigenes Fitnessprogramm zammagstellt. Sonntags guck i „Sport im Dritten" a, montags les' i den Sportteil en dr Zeitung, dienstags spiel' i Skat, mittwochs fahr' i mei' Frau zur Gymnastik, donnerstags trenk' i a Bier em Sportheim, freitags füll' i dr Totozettel aus, ond am Samstag nach'm Bada, do . . . mei Lieber, do kommsch au ens Schnaufa.

Xondheit

Waaas . . .? Sie hend no koi Fahrrad . . .? Sie, no wird's aber Zeit. Höchschte Zeit. Radfahra isch nämlich gsond, gefälligscht. Radfahra isch nämlich in, mega in, gefälligscht. Mr secht jo heut nemme Fahrrad, sondern „Bike", des wird „Baig" gsprocha. Do fehlt bloß no a „r", no könnt' i mi no viel besser damit identifiziera.
Ond isch so ein Mensch auf'm Fahrrad net ein erhabener Anblick? Was hoißt do „wie dr Aff' auf'm Schleifstoi"? Ha, des war jetzt a o'qualifizierter Zwischaruf, aber Sie werd' ich mir merka.
Mir Radfahrer send eine solidarische Gemeinschaft. Im Pulk send mir stark, do widersteht ons koiner. Ob en dr Fußgängerzone, en dr Einbahnstroß', em Wald, em Gebirge, auf'm Trottoir – wer net für ons isch, isch gega ons. – Bimmel, bimmel, bimmel – aus em Weg. Wer onsrer Fahrradbimmel net weicht, der hot sich die Folga selber zuzuschreiba.
Kaufet Sie sich also schleunigst ein Fahrrad. Dean Sie ebbes für Ihr' Gsondheit. Oder glaubet Sie, mir, der radfahrende Teil der Krankenkassenbeitragszahler, dädet für Sie, den dahinschlurgenden Teil der Bevölkerung, noch länger aufkomma? Also, haltet Sie sich fit. Mir haltet ons jo au fit.

Apropos fit, onser Outfit, also onser Fahrradbekleidung, isch eine Augenweide. Alloi scho die Radfahrerhos'. Wie die sich vorteilhaft an jeden noch so großen A . . ., also Hintern, anpaßt. Ond dann der Spickel, der verhindert, daß der schmale Sattel des trennt, was zammaghört – die Backen leicht gerötet, apfelbäckchengleich, d'Ärm' ond d'Füß' braungebrannt – ond älles passend zu de Farba vom Radfahrerhemd. Des isch Out-fit.
Schließet Sie sich onsrer Bewegung an! Kaufet Sie sich ein Fahrrad! Mit Zehngang oder Zwanziggang, mit Hupe oder Bimml, mit Satteltascha, Rennspoiler, Stoßdämpfer ond Tacho. Aber hopfenleicht muß es sei, damit sich der, wo's klaut, koin Bruch lupft.
Hanteln Sie nicht länger, sondern treten Sie in die Pedale! Krümmen Sie Ihr Kreuz und schauen Sie mit angezogenem Genick geradeaus, zum Wohle der Orthopäden. Des isch gsond – noch oba buckla ond noch unta treta.

Werbung

Wenn mr a Schüssel net bloß em Küchaschrank, sondern au oine auf'm Dach hot, no kommt mr heutzutag ums Werbefernseha fast nemme rom. Sie hend recht, in Ballungsräumen isch mr überwiegend verkabelt. Aber ich wohne im ländlichen Gebiet und bin somit verschüsselt.
Ond seit ich so a Schüssel hab', ärger' ich mich, weil die Privatsender die Film oifach onderbrechet ond oin anwerbet. Gut, manchmol isch's gschickt, weil mr grad muß, aber mr muß jo net emmer, wenn die werbet. Manchmol isch die Werbeeinblendung au kürzer, wie mr müssa hot, no ärgert mr sich, weil der Mord passiert isch, als mr noch auf dr Schüssel gsessa isch.
Beim öffentlich-reschtlichen Fernsehen, also bei ARD und ZDF, versäumt man nichts, weil mr's do lieber verhebt, bis der Krimi aus isch. Für die Verdauung isch des öffentlich-rechtliche Fernsehen also net so gsond, weil mr klemma muß.
Zugegeben, es gibt auch sehenswerte Werbung. Eine zum Beispiel wirbt für ein Anheizwässerle, „Extase" hoißt des. Wunderbar, zwei bildschöne Körper, dunkelhäutig, umschlungen, entrückt von allem Weltlichen. „Extase", des isch gschickt, daß mr des kaufa ka.

Werbefernsehen isch für den oberflächlichen Betrachter aber auch nicht ganz ungefährlich, weil der möglicherweise glaubt, was er sieht. Do isch zum Beispiel a Küche en Windeseile 'putzt, ond zwar net von dr Hausfrau, sondern von einem Herrn Proper, einem Meister seines Fachs. D'Fenster erstrahlet von ganz alloi beim Anblick des neuen Sidolin. Für d'Kender muß mr mittags nemme kocha, weil die Milchschnitte viel gsünder und ausgewogener isch als dr Mama ihre Pfannakucha. Und jedes Babyärschle freut sich sichtbar über die neue Windel, die auch im vollen Zustand nach innen trocken bleibt, nach außen nicht ausläuft, und nur die Firma Pampers weiß, wo die Scheiße hinkomma isch.
Angesichts dieser Werbespotfakten frogt sich so mancher Ehemann, der schweratmend von dr Arbeit kommt, worom sei' Frau abends so abgschafft romhängt. Und vorwurfsvoll, aber besorgt stellt er die Frage: „Schätzle, worom kannsch du net au so fröhlich lächla und adrett ausseha wie die Fraua, die em Werbefernseha wäschet ond spület ond putzet und Windla wechslet?" Und weil sie jo au 's Werbefernseha a'guckt, woiß sie koi Antwort, sie kann's au net verstanda, was se falsch macht.
Aber spätestens, wenn mr em Bett liegt, von oba bis onda mit „Extase" gwässert ond oms Verrecka nix, aber au gar nix ekstasiera will, woiß mr, daß Werbung bscheißt.

//

Kaufrausch

Mir Schwaben geltet, obwohl die Schotten net zu onsre nächste Anverwandte ghöret, als a bißle bhäb, was des Geldausgeba betrifft. Und des hat seine Gründe. Denn: Hend mir Geld, dann gucket mir, daß mir's zammahaltet. Hend mir aber kois, dann stellet mir uns halt vor, mir hättet welches, und schon packt uns das nackte Grauen, was damit älles passiera könnt': Diebstahl! Inflation! Lotterleben!

So isch es auch für den Auswärtigen leicht verständlich, daß mir saumäßig Obacht gebet auf unsre Mäuse, egal, ob mir welche hend oder net. In „Nobel-Kreisen" und bei dene Leut, die zu dera Geometrieform ghöra möchtet, gilt des ohnehin als schick, an dr Kass' lautstark eine Quittung zu verlanga – ond wenn's bloß oine für oin Meter Hosagommi isch.

Manche hend sowieso a Belegbüchle drhoim, und so läßt sich ohne weiteres sogar der Weg eines Wurstzipfels von der Ladentheke bis hin in die entlegensten Verdauungsorgane mühelos rekonstruieren. Denn nix hasset mir meh, als wenn mir net wisset, wo unser Geld blieba isch.

Die wahren Experten in Sachen Aus- und Schlußverkäuf' jedweder Art send halt mir. Macht irgend a Gschäft ein Sonderangebot, standet mir scho lang

vor dem Morgengebet unserer muselmanischen Mitbewerber vor dr Tür – weil, es könnt' jo sei, daß es do ebbes gibt, wofür mr woanders mehr zahla müßt'.

Winterschlußverkäuf' sind eine wahre Freude. Do griagt mr für sage und schreibe neunundsechzig Mark und dreiundachtzig Pfennig: drei Herrenunterhosa, lang, feingerippt; fünf Damenschlüpfer, fleischfarben; zwei wollene Strumpfhosa, dunkelblau, Übergröße und drei Paar weiße Arztsocken Größe 45. Größe 45 hot mr zwar net, aber mr isch jo au koi Arzt. Ond für's gleiche Geld hätt's zu normale Zeita no net amol ahhh . . ., also . . . no net amol . . . Dengs, also . . . halt viel weniger hätt' mr griagt.

Bescheiden

Der Mensch gibt gern an mit seiner Habe. Mir Schwoba? . . . Jo, au manchmol, aber net emmer. Oft sind mir sogar regelrechte Tiefstapler. Manch oiner versteckt sogar sein' Swimmingpool em Keller oder macht an sei'm Mercedes des 500er Schildle weg.

Bescheiden zu sein strengt uns net an, weil mir die Bescheidenheit quasi schon in die Wiege gelegt bekommen haben. Unsre Bescheidenheit wurzelt im schwäbischen Pietismus. Ja, lang isch's her, aber wer tief wurzelt, stoht stabiler.

Mr gibt sich bescheida, und des hat den Vorteil, daß mr net auffällt, au beim Finanzamt net. Natürlich isch net jeder, der Angaben macht, ein Angeber, es kommt jo drauf an, ob'r *mehr* angibt oder *weniger* angibt, als'r hot. Ein Mehrangeber isch ein Angeber, ein Wenigerangeber isch ein Bescheidener. Natürlich wär'm Finanzamt a Angeber lieber als a Bescheidener, aber mr ka jo net sei' Moral em Finanzamt z'lieb über Bord werfa. Außerdem wird ein Angeber emmer Neid erwecka, ond des ka domm laufa, wenn der Neider auf'm Finanzamt beschäftigt isch. Also isch es eher ratsam, bei der Steuererklärung eine gewisse Bescheidenheit an den Tag zu lega, was des Einkomma a'goht.

Ganz anders verhält sich des bei den Angaben zu den Ausgaben, da wird der Sparsamste zum Verschwender. In der Rubrik Werbungskosten zum Beispiel wird nach der Entfernung zwischa Wohnung und Arbeitsstätte gfrogt. Jetzt woiß mr jo, daß des bloß 18 Kilometer send, aber mr stapelt a bißle ond schreibt 25 Kilometer nei.

Selbständige, die noch viel meh absetza könnet als dr Lohn- oder Gehaltsempfänger, entpuppet sich geradezu als Hochstapler bezüglich der Ausgaben. Schlag-me-'s-Blechle, jeden Sonntag muß do die ganz' Familie herhalta und teure Filetsteaks nadrucka, obwohl mr viel lieber Spaghetti essa dät, bloß damit dr Vadder en dr Steuererklärung millionsmäßige Bewirtungskosta geltend macha ka. Den Beleg läßt mr sich selbstverständlich auf dr Montag datiera, mr isch jo a Kleverle.

Dr Fiskus macht's oim net leicht. Mr isch ständig hin- und hergerissa zwischa Hochstapelei und Bescheidenheit. Des ka oin regelrecht fertigmacha. Des ka zu schizophrenstem Verhalta führa. Mr woiß am End nemme, isch mr a hochstapelnder Bescheidener oder isch mr a bescheidener Hochstapler. Ond des, wo mr doch viel lieber gradlinig bescheida wär'. Aber die lasset oin jo net.

D'Steuererklärung, die hoißt deshalb so, weil mr ohne a Erklärung die Formular' gar net ausfülla ka. Was mr dann vom Finanzamt z'rückgriagt, des isch der Steuerbescheid. Der Steuerbescheid löst bei de meiste Menscha eine tiefe Depression aus, und ich kann es keinem verdenka, wenn'r den Bescheid in die Ecke pfeffert und sich tagelang besch . . . eiden fühlt.

//

Gschwätzwerk

Ons Schwoba wird jo oft nachgsagt, mir wäret maulfaul. Wer ons aber besser kennt, der woiß, daß mir a ausgesprocha kommunikationsfreudiges Völkle send. Aber 's isch halt so, daß mir z'erscht denket, bevor mir 's Maul aufmachet. Fast jeder bei ons kennt nämlich den Spruch: Hättesch dei' Gosch ghalta, no hätt' koi Sau gmerkt, daß bleed bisch.
Jetzt isch's halt au mit'm Denka so a Sach'. I moin, net jeder Schwabe hot sei' Denketse emmer em Griff. So gibt's au onder ons welche, die 's Maul offa hend, bevor 's Hirn melda ka: „Lohnt sich net!" Dodamit moint's Hirn: Es lohnt sich net, diesen Gedanken zu formulieren. Aber scho z'spät, gschwätzt isch gschwätzt. Des ka jo au jedem amol passiera. Wenn's aber oim laufend so goht, no isch'r schnell als „Schwätzer" abgstempelt, ond des zu Recht.
Noch dr „Schwätzerin" wird mr em schwäbischa Vokabelheftle lang sucha könna, die gibt's nämlich net. Des hoißt net, daß es die net gibt, aber mr secht bei ons net Schwätzerin, sondern Schwätzbäs oder Schwatzbas. Mr findet solche Fraua häufig auf'm Trottoir (Trottwar), wo sie in einem Trott schwätzet, ohne was zu saga, und sich dodabei auf einen „Bäsen" stützen – deshalb Schwätzbäs.

Von Base (Kusine) kann der Begriff nicht stammen, da es keinen Basen, sondern nur einen Bäsen gibt. – Ja, gell, i mach' mir halt au so meine Gedanka, bevor i sch . . . reib'. – Über eine Schwätzbäs secht mr au: „Wenn da dera d'Gosch zunähsch, no schwätzt dui no zu de Näht' raus."
Schafft ein(e) Schwätz(bäs)er bei dr Regierung, dann isch er oder sie ein(e) „Regierungssprecher(in)". Mr könnt au „Regierungsschwätzer(in)" saga, aber des wär' zu verräterisch.
Mr derf en Schwätzer aber net mit ama Sprecher verwechsla. A Sprecher isch meistens beim Hörfunk oder Fernseha beschäftigt ond hot a ausgebildete Stimme. Denka muß a Sprecher allerdings au net viel, weil er a Manuskript vorliega hot. Redet ein Sprecher ohne Manuskript, so wird'r leicht zom Schwätzer. Des versucht er zwar durch schnelles Reden zu vertuscha, aber besser wird sei' Gschwätz deswega no lang net.
Der „Denker" isch meistens ein ruhiger Mensch. Wenn der 's Maul aufmacht, hot er vorher arg lang 'denkt ond verblüfft dann den Zuhörer mit ama kurza Satz. Die Unterhaltung mit einem Denker bietet meist wenig Unterhaltung, weil ohne Redefluß koi Stimmung aufkomma will.
Emmer wieder passiert's, daß ein „Stiller" mit ama Denker verwechselt wird. Damit tut mr dem Denker unrecht, da der Denker im Gegensatz zum Stillen

wenigstens denkt. Ein Stiller isch zwar angenehm für seine Umgebung und wird vor allem von den Schwätzern als Zuhörer mißbraucht, aber andererseits isch er au ein „Bluffer“, weil er meist grinsend zuhört, so tut, als wisse er alles besser und sich somit das Image eines Denkers erschleicht. Meist hat ein Stiller, außer der Ruhe, die er verbreitet, jedoch nicht viel zu bieten.

Trotzdem isch mir a Stiller lieber wie a Schwätzer, weil i selber bei ama Schwätzer kaum zu Wort komm' und automatisch in die Rolle des Stillen gedrängt werd'. I han mir jetzt vorgnomma, mir des net länger gfalla zu lassa ond werd' demnächst auf Denker omschula.

//

Voraussetzungen

Was isch scho a Bäcker ohne en Backofa? – Nix isch'r! – Ha? – Ach so, ja nadierlich, Sie hend recht, er isch trotzdem ein Mensch. Aber so han i des net gmoint. I moin, rein brezelmäßig gsäh' isch'r ohne Backofa ein Nichts, weil ihm eine wesentliche Voraussetzung fehlt, om a Bäcker sei z'könna. Sie verstandet? – Net! -

Aaalsooo, a anders Beispiel: Ein Pfarrer ohne Haushälterin . . . noi, des isch a schlechts Beispiel. – Ein Maler ohne Pinsel – au, des isch gut – also, a Moler ohne en Bensl isch . . . wie will'e saga . . . dem goht's wie ama Bäcker ohne Backofa halt – Sie verstandet? . . . Ha no, jetzt werdet Sie aber o'verschämt, von wega „banales Gelaber", no schmeißet Se des Buch halt weg, des isch doch mir egal. – Noi! – Noi! – Jetzt han'e scho koi Luscht meh. – Also gut, aber i mach' bloß weiter, wenn Sie mich net dauernd onderbrechet.

I han jo bloß saga wella, daß für jede Berufsgruppe gewisse Voraussetzunga erforderlich send. Zum Beispiel: – Noi, lasset mir des mit de Beispiel', weil, die lieget doch bloß emmer knapp drneba, ond knapp drneba isch au vorbei – aber ois isch sicher: Zu ama richtiga Schriftsteller, do ghört a Haus auf Mallorca. Worom, froget Sie? Des woiß i au net so

genau, aber die meiste Schriftsteller hend do halt ois. I au. Vielleicht hot au a mancher z'erscht a Haus auf Mallorca ghet ond isch no erscht Schriftsteller worda, wo er erfahra hot, daß, wenn mr a Haus auf Mallorca hot, daß mr dann Schriftsteller werda kann – oder sodd – oder sogar werda muß.
Sie sehet, ond des isch dr Umkehrbeweis: Durch entsprechende Voraussetzunga isch scho manch oiner hinsichtlich seiner Berufswahl beeinflußt worda. – Mann oh Mann, jetzt ganget Sie mir aber auf dr Knocha. – Nadierlich isch net jeder, der en Recha hot, au a Gärtner, aber zwischa ama Gärtner ond ama Schriftsteller isch au en hemmelweiter Onderschied. Des hoißt . . . so ganz no au wieder net, weil, wer a Haus auf Mallorca hat, der hat au en Garta ond en Recha, ond ob er will oder net, er wird zwangsläufig zom Gärtner, also Hobbygärtner halt.
Was? – Ob ich ein Hobbyschriftsteller sei? Des isch jetzt aber a domme Frog'. Gell, Sie wellet mich provoziera, aber über die Qualität meiner Texte diskutier' ich mit Ihne gar net. Immerhin hab' ich a Haus auf Mallorca, ond alloi des scho bürgt für meine schriftstellerische Qualität. – Ha? – Was wellet Sie mit der Bemerkung „Des muß aber a klois Häusle sei" saga? Sie ärgret sich doch bloß, daß Sie 's Zeug, des hoißt 's Häusle, zom Schriftsteller sei net hend. Ond en Garta hend Sie au net – ond en Recha hend Sie au net. -

Was? Was en Recha isch? Gell, Sie send net von hier? En Recha isch ein Rechen, zum das Gras zuseemen rechnen ahhh rechen – Sie verstehen? – Wie meinen? Was Recherchen send? Ich nehm' an, Sie moinet kleine Rechen, aber des secht mr bei ons so net. – Was?! – Ha, des schlägt doch em Faß da Boda naus! Was saget Sie do: Ich hätte keine Ahnung. Ich wüßt' net amol, was Reschersche bedeutet, dabei sei doch das Rescherschieren die Voraussetzung für einen Schriftsteller.

Jetzt sag' ich Ihne amol ebbes: Sie hend koin blassa Dunscht von dr Schriftstellerei. – Was hend Sie? – Ach, a Bäckerei – mit einem Backofa – noi, so ebbes au. Ja, sehet Se, dann hättet Sie zwar alle Voraussetzunga erfüllt, aber recht bacha send Se deshalb no lang net. – Ha? – Was saget Sie zu mir? Ohhh! So, jetzt schwätz' ich mit Ihne nix meh!

DRW-Bücher – eine Auswahl

Der gelernte König
Wilhelm II. von Württemberg – ein Porträt in Geschichten von Anni Willmann. 160 Seiten, zeitgenössisch illustriert.

Was dr Schwob schafft
Der ländliche Alltag einst und heute.
Text Dorothea Kallenberg, Fotos Gerhard Bäuerle.
216 Seiten mit 196 vorwiegend farbigen Fotos.

Was dr Schwob feiert
Feste und Bräuche landauf – landab.
Von Dorothea Kallenberg.
200 Seiten mit meist farbigen Fotos.

Wie dr Schwob schwätzt
Reiz und Reichtum der schwäbischen Mundart.
Von Norbert Feinäugle und Hermann Fischer.
200 Seiten mit 126 Zeichnungen und Farbfotos.

Merk dr's no
Schwäbische Sprüche und Redensarten.
Von Norbert Feinäugle und Hermann Fischer mit Illustrationen von Christoph Brudi. 96 Seiten.

Hond abschaffe, selber belle
Heiteres und Liebenswertes über sparsame Schwaben.
Von Dorothea Kallenberg. 96 Seiten mit Illustrationen von Ulrike Stifter.

Engele und Teufele
Eine himmlische Karriere. Von Hans-Frieder Willmann.
96 Seiten mit Illustrationen von Thomas F. Naegele.

Schmunzeln bremst Runzeln
Schwäbische Witze von Herbert Huber.
96 Seiten mit Illustrationen von Bernd Bürkle.

Homma ond domma
Gereimtes und Ungereimtes über Land und Leute.
Von Ulrich Strobel. 96 Seiten mit Illustrationen des Autors.

DRW-Bücher – eine Auswahl

Schwäbische Forscher und Gelehrte
Lebensbilder aus sechs Jahrhunderten. Hrsg. von Helmuth Albrecht. 136 Seiten mit 144 meist farbigen Abbildungen. Format 24×26 cm. Fachkundige Autoren beschreiben in allgemeinverständlicher Form in Wort und Bild Leben und Werk von insgesamt 22 schwäbischen Naturforschern.

Schwäbische Tüftler und Erfinder
Hrsg. von Jörg Baldenhofer. 174 Seiten mit über 150 meist farbigen Abbildungen. Format 24×26 cm. Die Welt der frühen Technik im Querschnitt schwäbischer Lebensbilder, von Albrecht L. Berblinger, dem fliegenden Schneider zu Ulm, bis Ferdinand Zeppelin, dem „verrückten Grafen".

Geheimnis Wald
Waldschutzgebiete in Baden-Württemberg. Von Winfried Bücking, Wilfried Ott und Wolfgang Püttmann. Der Gesamtüberblick mit 147 neuen Farbfotos, teilweise doppelseitig, über die Bann- und Schonwälder des Landes auf 192 Seiten.

Herrlich leuchtet die Natur
Fotoimpressionen aus Baden-Württemberg. 160 Seiten mit 165 fotografischen Kunstwerken, zum Teil doppelseitig, ergänzt durch informative Texte zum Thema Natur. Ein herausragender Bildband des bekannten Autorenteams Eva Walter (Text) und Thomas Pfündel (Fotografie). Farbenprächtig, stimmungsvoll und bisweilen poetisch, oft auch voller Dramatik, dabei immer einfühlsam auf Spurensuche nach Natur.

Schwaben extrabreit
Rundumvisionen von Hohnecker & Hehl. 27×27 cm. Auf 12 Ausklapptafeln (100 cm Breite) betrachtet man auf einen Blick, was man sonst so nicht sieht. Denn alles über ca. 120° ist außerhalb des menschlichen Blickwinkels, ist eigentlich Vision. Die Spezialkamera von Erhard Hehl und seine Fotos, ergänzt durch wissenswerte Texte von Martin Hohnecker, lassen dieses Buch zu etwas Außergewöhnlichem werden.